жает с… ость

о прислал в … с советы и

оизведений для издания в серии

сотрудничества и ждём ваших

ний.

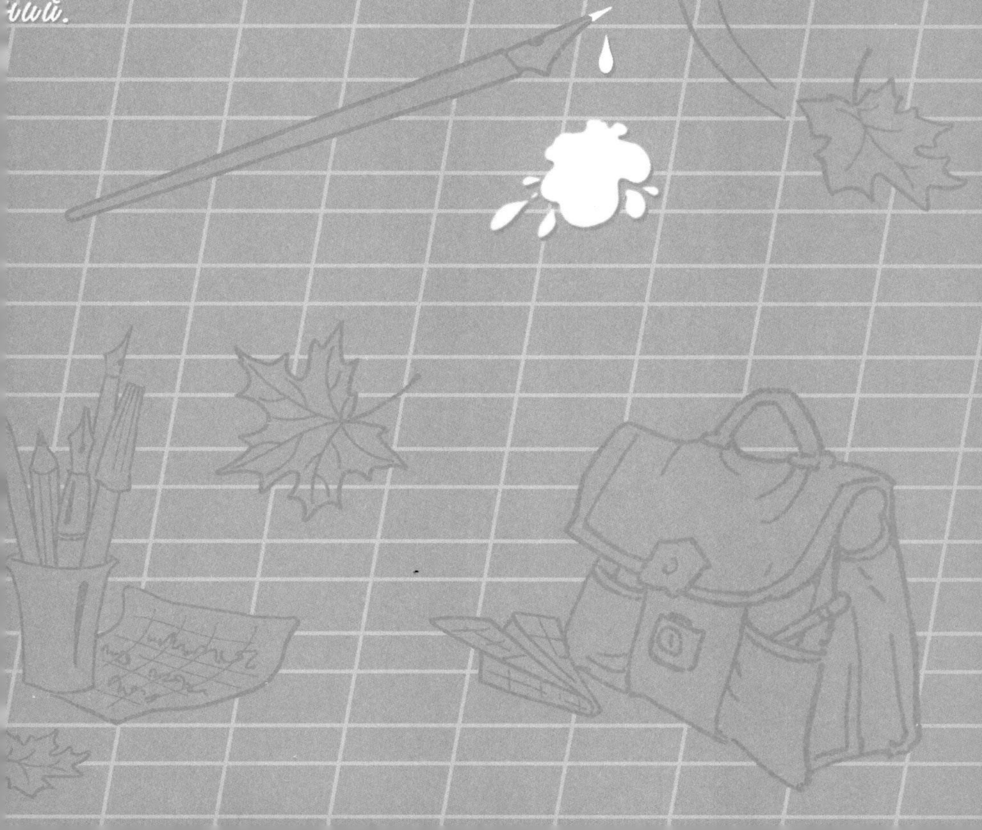

Татьяна Александрова

Домовёнок Кузька

Художник
Аркадий Шер

Часть первая

КУЗЬКА В НОВОМ ДОМЕ

ПОД ВЕНИКОМ КТО-ТО БЫЛ

Девочка взяла веник да так и села на пол — до того испугалась. Под веником кто-то был! Небольшой, лохматый, в красной рубахе, блестит глазами и молчит. Девочка тоже молчит и думает:

«Может, это ёжик? А почему он одет и обут, как мальчик? Может, ёжик игрушечный? Завели его ключом и ушли. Но ведь заводные игрушки не умеют кашлять и так громко чихать».

— Будьте здоровы! — вежливо сказала девочка.

— Ага,— басом ответили из-под веника.— Ладно. А-апчхи!

Девочка так испугалась, что все мысли сразу выскочили у неё из головы, ни одной не осталось.

Звали девочку Наташей. Только что вместе с папой и мамой они переехали на новую квартиру. Взрослые укатили на грузовике за оставшимися вещами, а Наташа занялась уборкой. Веник отыскался не сразу. Он был за шкафами, стульями, чемоданами, в самом дальнем углу самой дальней комнаты.

И вот сидит Наташа на полу. В комнате тихо-тихо. Только веник шуршит, когда под ним возятся, кашляют и чихают.

— Знаешь что? — вдруг сказали из-под веника.— Я тебя боюсь.

— И я вас,— шёпотом ответила Наташа.

— Я боюсь гораздо больше. Знаешь что? Ты отойди куда-нибудь подальше, а я пока убегу и спрячусь.

Наташа давно бы сама убежала и спряталась, да у неё от страха руки и ноги перестали шевелиться.

— Знаешь что? — немного погодя спросили из-под веника.— А может, ты меня не тронешь?

— Нет,— сказала Наташа.

— Не поколотишь? Не жваркнешь?

— А что такое «жваркнешь»? — спросила девочка.

— Ну, наподдашь, отлупишь, отдубасишь, выдерешь — всё равно больно,— сообщили из-под веника.

Наташа сказала, что никогда не... Ну в общем, никогда не стукнет и не поколотит.

— И за уши не оттаскаешь? А то я не люблю, когда меня за уши дёргают или за волосы.

Девочка объяснила, что тоже этого не любит и что волосы и уши растут совсем не для того, чтобы за них дёргать.

— Так-то оно так...— помолчав, вздохнуло лохматое существо.— Да видно, не все про это знают... — И спросило: — Дряпать тоже не будешь?

— А что такое «дряпать»?

Незнакомец засмеялся, запрыгал, веник заходил ходуном. Наташа кое-как разобрала сквозь шуршание и смех, что «дряпать» и «царапать» — примерно одно и то же, и твёрдо пообещала не царапаться, ведь она — человек, а не кошка. Прутья у веника раздвинулись, на девочку посмотрели блестящие чёрные глаза, и она услышала:

— Может, и свориться не будешь?

Что такое «свориться», Наташа опять не знала. Вот уж лохматик обрадовался, заплясал, запрыгал, руки-ноги болтались и высовывались за веником во все стороны.

— Ах, беда-беда-огорчение! Что ни скажешь — не по разуму, что ни молвишь — всё попусту, что ни спросишь — всё без толку!

Незнакомец вывалился из-за веника на пол, лаптями в воздухе машет:

— Охти мне, батюшки! Охти мне, матушки! Вот тетёха, недотёпа, невразумиха непонятливая! И в кого такая уродилась? Ну, да ладно! А я-то на что? Ум хорошо, а два лучше того!

Тут Наташа потихоньку стала смеяться. Уж очень потешный оказался человечек. В красной рубахе с поясом, на ногах лапти, нос курносый, а рот до ушей, особенно когда смеётся.

Лохматик заметил, что его разглядывают, убежал за веник и оттуда объяснил:

— «Свориться» — значит ссориться, ругаться, позорить, дразниться — всё едино обидно.

И Наташа поскорее сказала, что ни разу, никогда, нипочём его не обидит.

Услышав это, лохматик выглянул из-за веника и решительно произнёс:

— Знаешь что? Тогда я совсем тебя не боюсь. Я ведь храбрый!

БАНЬКА

— Ты кто? — спросила девочка.

— Кузька,— ответил незнакомец.

— Это тебя звать Кузька. А кто ты?

— Сказки знаешь? Так вот. Сперва добра молодца в баньке попарь, накорми, напои, а потом и спрашивай.

— Нет у нас баньки,— огорчённо сказала девочка.

Кузька презрительно фыркнул, расстался наконец с веником и побежал, держась на всякий случай подальше от девочки, добежал до ванной комнаты и обернулся:

— Не хозяин, кто своего хозяйства не знает!

— Так ведь это ванна, а не банька,— уточнила Наташа.

— Что в лоб, что по лбу! — отозвался Кузька.

— Чего, чего? — не поняла девочка.

— Что об печь головой, что головою об печь — всё равно, всё едино! — крикнул Кузька и скрылся за дверью ванной комнаты.

А чуть погодя оттуда послышался обиженный вопль:

— Ну, что же ты меня не паришь?

Девочка пошла в ванную. Кузька прыгал под раковиной умывальника.

В ванну он лезть не захотел, сказал, что слишком велика, водяному впору. Наташа купала его прямо в раковине под краном с горячей водой. Такой горячей, что руки едва терпели, а Кузька знай себе покрикивал:

— А ну, горячей, хозяюшка! Наддай парку! Попарим молодые косточки!

Раздеваться он не стал.

— Или мне делать нечего? — рассуждал он, кувыркаясь и прыгая в раковине так, что брызги летели к самому потолку.— Снимай кафтан, надевай кафтан, а на нём пуговиц столько, и все застёгнуты. Снимай рубаху, надевай рубаху, а на ней завязки, и все завязаны. Эдак всю жизнь раздевайся — одевайся, расстёгивайся — застёгивайся. У меня поважнее дела есть. А так сразу и сам отмоюсь, и одёжа отстирается.

Наташа уговорила Кузьку хоть лапти снять и вымыла их мылом чисто-начисто.

Кузька, сидя в раковине, наблюдал, что из этого выйдет. Отмытые лапти оказались очень красивыми — жёлтые, блестящие, совсем как новые.

Лохматик восхитился и сунул под кран голову.

— Пожалуйста, закрой глаза покрепче,— попросила Наташа.— А то мыло тебя укусит.

— Пусть попробует! — проворчал Кузька и открыл глаза как можно шире.

Тут он заорал истошным голосом и напробовался мыла.

Наташа долго споласкивала его чистой водой, утешала и успокаивала.

Зато отмытые Кузькины волосы сверкали, как золото.

— Ну-ка,— сказала девочка,— полюбуйся на себя! — и протёрла зеркало над раковиной.

Кузька полюбовался, утешился, одёрнул мокрую рубаху, поиграл кистями на мокром поясе, подбоченился и важно заявил:

— Ну что я за добрый мо́лодец! Чудо! Загляденье, да и только! Настоящий молоде́ц!

— Кто же ты, мо́лодец или молоде́ц? — не поняла Наташа.

Мокрый Кузька очень серьёзно объяснил девочке, что он сразу и добрый мо́лодец и настоящий молоде́ц.

— Значит, ты — добрый? — обрадовалась девочка.

— Очень добрый,— заявил Кузька.— Среди нас всякие бывают: и злые, и жадные. А я — добрый, все говорят.

— Кто все? Кто говорит?

В ответ Кузька начал загибать пальцы:

— В баньке я паренный? Паренный. Поенный? Поенный. Воды досыта нахлебался. Кормленный? Нет. Так что ж ты меня спрашиваешь? Ты молоде́ц, и я молоде́ц, возьмём по ковриге за конец!

— Что, что? — переспросила девочка.

— Опять не понимаешь,— вздохнул Кузька.— Ну, ясно, сытый голодного не разумеет. Я, например, ужасно голодный. А ты?

Наташа без лишних разговоров завернула добра молодца в полотенце и быстро понесла на кухню.

По дороге Кузька шепнул ей на ухо:

— Я таки наподдал ему как следует, этому мылу твоему. Как жваркну его, как дряпну — больше не будет свориться.

ОЛЕЛЮШЕЧКИ

Наташа усадила мокрого Кузьку на батарею. Рядом лапти положила, пускай тоже сохнут. Если у человека мокрая обувь, он простудится.

Кузька совсем перестал бояться. Сидит себе, придерживая каждый лапоть за верёвочку, и поёт:

Истопили баньку, вымыли Ваваньку,
Посадили в уголок, дали кашечки комок!

Наташа придвинула к батарее стул и сказала:

— Закрой глаза!

Кузька тут же зажмурился и не подумал подглядывать, пока не услышал:

— Пора! Открывай!

На стуле перед Кузькой стояла коробка с пирожными, большими, прекрасными, с зелёными листиками, с белыми, жёлтыми, розовыми цветами из сладкого крема. Мама купила их для новоселья, а Наташе разрешила съесть одно или два, если уж она очень соскучится.

— Выбирай, какое хочешь! — торжественно сказала девочка.

Кузька заглянул в коробку, наморщил нос и отвернулся:

— Это я не ем. Я — не козёл.

Девочка растерялась. Она очень любила пирожные. При чём тут козёл?

— Ты только попробуй,— нерешительно предложила она.

— И не проси! — твёрдо отказался Кузька и опять отвернулся. Да как отвернулся! Наташа сразу поняла, что значит слово «отвращение».— Поросята пусть пробуют, лошади, коровы. Цыплята поклюют, утята-гусята пощиплют. Ну, зайцы пусть побалуются, леший пообкусывает. А мне...— Кузька похлопал себя по животу,— мне эта пища не по сердцу, нет, не по сердцу!

— Ты только понюхай, как пахнут,— жалобно попросила Наташа.

— Чего-чего, а это они умеют,— согласился Кузька.— А на вкус трава травой.

Видно, Кузька решил, что его угощают настоящими цветами: розами, ромашками, колокольчиками.

Наташа засмеялась.

А надо сказать, что Кузька больше всего на свете не любил, когда над ним смеются. Если над кем-нибудь ещё, то пожалуйста. Можно иногда и самому над собой посмеяться. Но чтоб другие смеялись над ним без спроса, этого Кузька терпеть не мог.

Он тут же схватил первое попавшееся пирожное и отважно сунул его в рот. И сейчас же спросил:

— Фафа́ фефёф или фто фофофа́еф?

Девочка не поняла, но лохматик, мигом расправившись с пирожным и запустив руку в коробку, повторил:

— Сама печёшь или кто помогает? — и давай пихать в рот одно пирожное за другим.

Наташа задумалась, что она скажет маме, если Кузька нечаянно съест все пирожные.

Но он съел примерно штук десять, не больше. И, на прощание заглянув в коробку, вздохнул:

— Хватит. Хорошенького понемножку. Эдак нельзя: всё себе да себе. Надо и о других подумать.— И начал считать пирожные: — Тут ещё осталось Сюра угостить, Афоньку, Адоньку, Вуколочку. И Сосипатрику хватит, и Лутонюшке, и бедненькому Кувыке. Я их тоже сначала обману: ешьте, мол, ешьте, угощайтесь! Пусть тоже думают, что цветами потчую. И угостим, и насмешим, то-то все будут рады-радёхоньки!

Нахохотавшись всласть, Кузька обернулся к Наташе и заявил, что олелюшечек никак не хватит.

— Чего не хватит? — рассеянно спросила девочка. Она всё думала, что сказать маме о пирожных, а ещё думала про Адоньку, Афоньку, Вуколочку.

— Олелюшечек, говорю, на всех не хватит. Не красна изба углами, а красна пирогами. Эдаких вот, с цветами! — Кузька даже рассердился и, видя, что девочка не понимает, о чём речь, ткнул пальцем в пирожные: — Вот они, олелюшечки, эти самые пироги цветочные! Я ж говорю, невразумиха ты непонятливая, а ещё смеёшься!

ЖЕРДЯЯ ЗВАТЬ НЕ НАДО

— Дом без хозяина — сирота,— поёрзав на батарее, сказал Кузька и начал озираться, будто что-то потерял.— И хозяин без дома тоже сирота. Дома и стены помогают.

Наташа оглядела стены.

Интересно, как это они будут помогать? Руки у них вырастут, что ли? Или стены станут говорящими? Кто-нибудь начнёт мыть посуду, а стены скажут:

«Эй, ты! Марш отсюда! Сами вымоем!»

Или нет. Кто ж станет строить такие грубые стены? Это будут очень милые, приветливые стеночки:

«Будьте добры, займитесь какими-нибудь другими, более интересными делами, а мы, с вашего позволения, перемоем всю посуду. И пожалуйста, не беспокойтесь: ни одной чашечки, ни одной тарелочки не разобьём».

Тут, конечно, стены раздвинутся, выйдут роботы, всё сделают — и опять в стены.

Кузька между тем очень внимательно оглядывал кухню и заодно объяснял, для чего нужно праздновать новоселье:

— У вас, у людей, день рождения раз в году. А у дома он бывает раз в жизни — его новосельем зовут. Где новоселье — там гости. Где гости — там угощение. Мало угощения — гости подерутся. Пеки олелюшечки, да побольше, чтобы на всех хватило!

— Афонька, Адонька, Вуколочка — это твои гости? — спросила девочка.

— Сюра забыла,— ответил Кузька.— А ещё жди Пармешу, Куковяку, Лутонюшку. Так. Ещё кого? Пафнутий придёт, Фармуфий, Сосипатр, Пудя, Ховря, Дидим, Теря, Беря, Фортунат, Пигасий, Молчан, Нафаня, Авундий... Феодул с Феодулаем прибудут, Пантя, Славуся, Веденей... Буяна и Себяку звать не буду, разве что сами придут незваными гостями. А вот Поньку, так и быть, кликну. И Бутеню, и бедненького Кувыку.

— Что это, всё твои товарищи?! — изумилась девочка.— Так много?

— А как же! — важно ответил Кузька.— Без товарищей один Жердяй живёт.

— Кто живёт?

— Жердяй. Сухой, длинный, на крыше у трубы дымом греется. Завистник, ненавистник и пакостник, лучше сюда его не звать — всех перессорит. Пусть себе торчит на крыше, как сухая ветка.

Девочка скорей посмотрела в окно: не видно ли Жердяя? Не только Жердяя, но и труб, и дыма на крышах не было, одни антенны поднимались вверх.

— Нет,— продолжал Кузька.— Жердяя звать не буду. Вот деда Кукобу позову. Да не соберётся он, дед Кукоба, скажет: «Дорога не близкая, за семь вёрст киселя хлебать — лаптей не напасёшься». А может, и навестит, соскучился, поди. Сверюк с Пахмурой не придут, зови не зови, эти веселья не любят. Лыгашку глаза б мои не видели! И Скалдыра пусть не показывается. Зато Белебеня сей же час прибежит. Услышит от Сороки — и здравствуйте-пожалуйста, давно не видались!

— От Сороки? — удивилась Наташа.— Разве птицы знают про новоселье?

— Сорока знает,— твёрдо сказал Кузька.— Она везде поспевает. Да толком ничего не понимает. До того занята, что и подумать некогда, что надо, чего не надо — про всё трещит, на хвосте тащит. Сорока скажет вороне, ворона — борову, а боров — всему городу. Не любим мы Сороку,— вздохнул Кузька.— Один Белебеня с ней в ладу живёт. Чуть услышит, у кого какая беда или радость,— ему всё равно, лишь бы народу побольше и угощения,— он и прискачет. И Лататуй с ним, они всегда вместе.

Девочка во все глаза смотрела на Кузьку. Он по-прежнему сидел на батарее, рядом сохли лапти. Кузька придерживал их за верёвочки и болтал ногами.

«Интересно,— думала девочка,— почему у Кузьки ножки маленькие, а лапти такие, что в каждый он может сесть, как в корзину?»

А ещё она думала о Кузькиных друзьях. Какие они? Тоже маленькие, лохматые и в лаптях? Или некоторые в ботинках? Или же большие, лохматые, в пиджаках, с галстуками, но в лаптях? Или же маленькие, причёсанные, в рубахах и в ботинках?

А Кузька в это время продолжал:

— Белун придёт, и пускай. Всегда ему рады. Тихий старичок, смирный, ласковый. Вот только носовой платок для него не забыть припасти, если попросит нос вытереть. Банник непременно пожалует, то-то ему здесь светло покажется после тёмной бани. Ещё Петряй и Агапчик навестят, Поплеша с Амфилашей, Сдобыш, Луп, Оленя... Лишь бы Тухляшка не навязался, ну его!

— Ой, Кузенька! — изумилась Наташа.— Сколько же у тебя друзей!

— Сколько друзей-то? Скажу, да погожу,— ответил Кузька, ёрзая на горячей батарее, и добавил: — Кабы я блином был, мне бы в самый раз на этой печурке доспеть, подрумяниться.

Он поглядел вниз и вздохнул:

— Давно бы отсюда ушёл, да шесток больно высок, до полу лететь далеко, а ухватиться не за что.

Наташа скорей пересадила бедняжку на подоконник.

«Эка благодать — весь белый свет видать!» — обрадовался Кузька и прижался носом к стеклу. Девочка тоже посмотрела в окно.

ОБИЖЕННЫЙ САМОЛЁТИК

По небу неслись облака. Тоненькие, с виду совсем игрушечные подъёмные краники двигались между светло-жёлтыми, розовыми, голубыми коробочками домов, поднимали и опускали стрелы. Дальше был виден синий лес, до того синий, будто в нём и деревья растут синие с голубыми листьями и лиловыми стволами.

Над синим лесом летел самолётик. Кузька показал ему язык, потом обернулся к девочке:

— Много всякого народу пожалует на новоселье. Придут и скажут: «Вот спасибо тому, кто хозяин в дому!» Будет что рассказать, будет что вспомнить. Друзья к нам придут, и знакомые, и друзья друзей, и знакомые друзей, и друзья знакомых, и знакомые знакомых. С некоторыми водиться — лучше в крапиву садиться. Пусть и они приходят. Друзей всё равно больше.

— А где они живут, твои друзья? — спросила девочка.

— Как где? — удивился лохматик.— Везде, по всему миру, каждый у себя дома. И в нашем доме тоже. Мы высоко живём? На восьмом этаже? А на двенадцатом уже раньше нас Тарах поселился, на первом Митрошка — тонкие ножки живёт понемножку.

Наташа недоверчиво спросила, откуда Кузька про это знает. Оказалось, от знакомого воробья по имени Летун. Сегодня, когда машина остановилась и стали выгружать вещи, воробей как раз купался в луже около подъезда. Митрошка и Тарах, которые приехали сюда раньше, просили его кланяться всем, кто ещё приедет в этот дом.

— Помнишь,— спросил Кузька,— он нам из лужи кланялся, мокренький такой, встрёпанный? Слушай, ему же там до самого вечера сидеть и кланяться! Посиди-ка весь день в луже, не пивши, не евши. Думаешь, хорошо?

— Ну, попить-то он может,— нерешительно сказала Наташа.

— Угу,— согласился Кузька.— А поесть мы ему олелюшку бросим в окошко. Ладно? Только аккуратно, а то попадёшь в голову, а он маленький, эдак и ушибить можно.

Они долго возились с задвижками, открывали окно, потом высунулись, увидели лужу, рядом с ней серую точку (видно, Летун не всё время купался, иногда и загорал) и очень удачно бросили из окна пирожное «Наполеон»: оно упало прямо в лужу. Только успели закрыть окно, Кузька как закричит:

— Ура! Едут! Уже едут! Гляди!

Внизу по широкому новому шоссе мчался грузовик с узлами, столами, шкафами.

— Ну-ка, ну-ка, что у нас за соседи? — радовался Кузька.— Друзья или просто знакомые? А не знакомы, долго ль познакомиться — приходи сосед к соседу на весёлую беседу. Эй, ты! Куда уезжаешь? Куда? Вот они мы, не видишь, что ли? Остановись сей же час, кому говорят!

Но грузовик проехал мимо и увёз людей с их добром в другой дом к другим соседям.

Кузька чуть не плакал:

— А всё машина виновата! Не могла остановиться, что ли? К другим соседи поехали. А к нам жди-пожди — то ли дождик, то ли снег, то ли будут, то ли нет.

Наташе успокоить бы его, а она слова сказать не может, смеяться хочется. И вдруг она услышала:

— Эй, ты! Сюда заворачивай! Лети, лети к нам в гости со всеми чадами и домочадцами, с друзьями и с соседями, со всем домком, окромя хором!

Девочка посмотрела в окно: коробки домов, подъёмные краны, а над ними самолёт.

— Ты кого зовёшь?

— Его! — Кузька ткнул пальцем в небо, указывая на самолёт.— Давеча он так же летел, а я его

подразнил.— Кузька смутился, покраснел, даже уши у него стали красными от смущения.— Я ему язык показал. Может, видела? Обиделся, поди. Пусть уж побывает у нас, олелюшечек отведает. А то скажет: дом-то хорош, да хозяин негож.

Наташа рассмеялась. Самолёт к нам зовёт, кормить его собирается!

— Вот чудак, да он же здесь не поместится.

— Толкуй больной с подлекарем! — развеселился Кузька.— Вот машину, которая нас везла, я в гости не звал, велика, в горницу не влезет. А самолёт — другое дело. Сколько я их в небе перевидал, ни один крупнее вороны или галки на глаза не попадался. А этот не простой самолёт, обиженный. Если тесно ему покажется, так ведь в тесноте, да не в обиде. А будешь надо мной смеяться — убегу, и поминай как звали.

Самолёт, конечно, не откликнулся на Кузькино приглашение, а улетел, куда ему было надо.

Кузька долго-долго глядел ему вслед и грустно сказал:

— И этот не захотел к нам в гости. Крепко на меня обиделся, что ли...

ВОРОБЬИНЫЙ ЯЗЫК

Наташа решила больше не смеяться над Кузькой. Если маленькие чего не знают, на то они и маленькие. Вырастут — узнают. А Кузька — совсем маленький, хоть и в огромных лаптях. Откуда ему знать про самолёты?

— Ты разве в машине с нами приехал? — спросила девочка.

— А то где же? — важно ответил лохматик.— Я у неё спросил: «Довезёшь?» — «Полезай, отвечает, довезу».

— У машины спросил?

— А как же? Без спросу — останешься без носу. Очень удобно ехал. В ведре. Мы с веником там хорошо уместились.

— Что ж, машина так и сказала: «Полезай — довезу»?

— Ну, она-то по-своему, по-машинному: рр! Да я не глупый, понял. Вот и довезла. Тут я, видишь? Вот он.— Кузька для убедительности потыкал в себя пальцем и сказал, что машинные языки ещё не ахти как знает. То ли дело птичьи или звериные.

И тут как раз зачирикал воробей. Может, Летун прилетел благодарить за угощение? Наташа искала глазами воробья, а в кухне уже свистели синицы, заливался соловей, стучал дятел.

Мяукнула кошка. Птицы умолкли. Громко залаяла собака. Невидимая кошка заорала изо всех кошачьих сил и удрала. А невидимая собака вдруг как тявкнет на девочку! Наташа чуть со стула не свалилась и закричала: «Мама!» И тут всё стихло, кроме Кузькиного смеха. Это он кричал разными голосами. Ну и Кузька!

Она хотела попросить, чтобы Кузька ещё полаял, но тут замычала корова, закукарекал петух, заблеяли овцы и козы, закудахтала курица, запищали цыплята. Курица звала детей всё громче, цыплята пищали всё жалобней, а потом смолкли. Верно, курица увела их подальше от стада, от множества копыт и мохнатых ног. Вдруг замолкли овцы с козами и заревел кто-то страшный. Зашумели, заскрипели деревья, завыл ветер. Кто-то ухал, верещал, стонал. Но вот всё затихло и в тишине что-то взвизгнуло.

— Страшно, да? — спросил Кузька.— Я тогда тоже испугался.— Когда и где испугался, он рассказывать не стал, а задумчиво произнёс: — По-воробьиному-то я давно говорю. И по-вороньи, и по-куриному. Лошадиный знаю, козлиный, бычий, свинячий, ну и кошачий, и собачий. А когда в лес попал, заячьему выучился, беличьему, лисьему... Волчий понимаю, медвежий. Рыбьи языки хуже знаю, трудные они: покуда выучишь, десять раз утопнешь или простудишься. Ещё карасий от щучьего отличу, а больше ни-ни.

Наташа во все глаза смотрела на Кузьку. Маленький, а сколько языков знает! А вот она, хоть и большая, знает всего несколько десятков английских слов и одно немецкое.

— Кузенька! — робко спросила Наташа.— А теперь ты скажешь, кто ты? Или ещё не пора?

Кузька внимательно посмотрел на девочку и стал загибать пальцы:

— Кормленный я? Кормленный. Поенный? Поенный. В бане паренный? Паренный. Ну так слушай...

И тут в дверь постучали.

— Беги открывай! — прошептал Кузька.— Да никому про меня не сказывай!

ТО ТЕПЛО, ТО ХОЛОДНО

— Дверь обить не желаете? — спросил незнакомый дяденька.— Чёрная клеёночка имеется и коричневого цвета. Да ты одна, что ли, дома, девочка? Спрашивать надо, спрашивать, когда дверь отпираешь, и чужим не открывать. Говоришь вам, говоришь, учишь вас, учишь,— ворчал дяденька, стучась в соседнюю дверь.

Наташа вернулась в кухню. Кузьки на подоконнике не было, коробки с пирожными тоже, только лапти сохли на батарее.

— Кузенька! — позвала Наташа.

— Ку-ку! — откликнулись из угла.

Там, под раковиной, был аккуратный белый шкафчик, куда ведро ставят для мусора. Из этого-то шкафчика и выглянула весёлая Кузькина мордочка.

— Ах вы, сени мои, сени! Сени новые мои! — вопил он, приплясывая, когда Наташа заглянула в шкафчик.— Добро пожаловать! Будьте как дома! Ну не чудо ли и не красота! Гляди, какой славный домик я себе отыскал! Как раз по росту. И олелюшечки уместились! И гости поместятся, если по одному будут приходить. А что внутри он белый, так мы его раскрасим. На этой стенке лето нарисуем, на той осень, здесь весну, бабочки летают. А дверь пусть остаётся белой, как зима. Место тихое, укромное, кто не надо — не заглянет.

— Заглянут,— вздохнула Наташа.— Сюда ведро помойное ставят.

— Глупости какие! — сказал Кузька, вылезая из шкафчика.— Изгваздать такую красоту! Ума нет.

— А куда ж мусор бросать?

— А вон куда! — И Кузька показал на окно.

Девочка не согласилась. Что ж это будет? Идёт по тротуару прохожий, а на него сверху очистки всякие падают, объедки, огрызки.

— Ну и что? — сказал Кузька.— Отряхнулся и пошёл себе дальше.

И тут в дверь опять постучали.

— Здравствуйте! Я ваша соседка,— сказала незнакомая женщина в переднике.— У вас не найдётся коробки спичек?

Наташа, загораживая дорогу в кухню, сказала, что спичек нет и никого нет.

— А почему дверь открываешь, не спрашивая? — улыбнулась соседка и ушла.

В кухне на батарее сох один лапоть. Кузька снова исчез.

— Кузенька! — позвала Наташа.

Никто не ответил. Она опять позвала. Откуда-то послышался шорох, тихий смех и приглушённый Кузькин голос:

— Идёт мимо кровати спать на полати.

Искала Наташа, искала — Кузька будто провалился. Надоело ей искать.

— Кузенька, где ты?

Послышалось хихиканье, и неизвестно откуда ответили:

— Если я скажу «холодно», значит, там меня нету, а скажу «тепло», там я и есть.

Наташа вышла в коридор.

— Эх, морозище-мороз отморозил девке нос! — заорал невидимый Кузька.

Девочка вернулась в кухню.

— Мороз не велик, а стоять не велит!

Она заглянула в белый шкафчик под раковиной.

— Стужа да мороз, на печи мужик замёрз!

Наташа сделала шаг к газовой плите, и погода сразу улучшилась:

— Сосульки тают! Весна-красна, на чём пришла? На кнутике, на хомутике!

У плиты наступило лето. Открыв духовку, Наташа

увидела на противне Кузьку, который вопил, не жалея голоса:

— Обожжёшься! Сгоришь! Удирай, пока не поздно!

— Это ты сгоришь! — сказала Наташа и стала объяснять про газовую плиту и про духовку.

Не дослушав объяснений, Кузька вылетел наружу как ошпаренный, подобрал коробку с пирожными, надел лапоть и сердито пнул плиту.

— Вот беда, беда, огорчение! Я-то думал, это будет мой домик, тихонький, укромненький, никто туда не заглянет. А сам, страх подумать, в печи сидел! Ах ты батюшки!

Наташа стала его утешать.

— Я твоей плиты не боюсь, зря не укусит,— махнул рукою Кузька.— Я огня боюсь.

Кузька сел на коробку с пирожными и пригорюнился:

— И лаптей жалко, и рубахи, а больше всего своей головушки. Я ж молоденький, семь веков всего, восьмой пошёл...

— Семь лет,— поправила Наташа.— Как мне.

— У вас годами считают,— уточнил Кузька,— у нас — веками, в каждом веке сто лет. Вот моему дедушке сто веков с лишним. Не знаю, как ты, а мы с огнём не водимся. Играть он не умеет, шуток не любит. Кто-кто, а мы это знаем. Дедушка нам говорил: «Не играйте с огнём, не шутите с водой, ветру не верьте». А мы не послушались. Поиграли раз, на всю жизнь хватит.

— Кто поиграл?

— Мы поиграли. Сидим как-то у себя дома под печкой. Я сижу, Афонька, Адонька, Сюр, Вуколочка. И вдруг...

Но тут в дверь опять постучали.

ВОТ БЕДА, БЕДА, ОГОРЧЕНИЕ!

Очень высокий, почти до потолка, молодой человек спросил Наташу:

— Где у вас телевизор?

Куртка на юноше блестела, «молнии» на куртке сверкали, рубашка в мелкий цветочек, а на ней значок с Чебурашкой.

— Ещё не приехал,— растерянно ответила Наташа, глядя на Чебурашку.

— Да ты одна, что ли? — спросил юноша.— А чего пускаешь в дом кого попало? Ну ладно, зайду ещё! Расти большая.

Девочка бегом вернулась в кухню. Там тихо и пусто. Позвала она, позвала — никто не откликнулся; поискала, поискала — никого не нашла. Заглянула в белый шкафчик под раковиной, в духовку — нет Кузьки. Может быть, он спрятался в комнатах?

Наташа обегала всю квартиру, обшарила все углы. Кузьки и след простыл. Напрасно она развязывала узлы, отодвигала ящики, открывала чемоданы, напрасно звала Кузьку самыми ласковыми именами — ни слуху ни духу, будто никогда никакого Кузьки и в помине не было. Только машины шумели за окном и дождь стучал в стёкла. Наташа вернулась в кухню, подошла к окну и заплакала.

И тут она услышала очень тихий вздох, чуть слышный стук и тихий-претихий голос.

— Вот беда, беда, огорчение! — вздыхал и разговаривал холодильник. Кто-то скрёбся в холодильнике, как мышка..

— Бедный, глупый Кузенька! — ахнула Наташа, кинулась к холодильнику, взялась за блестящую ручку.

Но тут в дверь не просто застучали, а забарабанили:

— Наташа! Открывай!

Наташа бросилась в коридор, но по дороге передумала: «Сначала выпущу Кузьку, он совсем замёрз».

— Что случилось?! Открывай сейчас же!! Наташа!!! — кричали в коридоре и ломились в дверь.

— Кто там? — спросила Наташа, поворачивая ключ.

— И она ещё спрашивает! — ответили ей и потащили в комнаты диван, телевизор и много других вещей.

Наташа на цыпочках побежала в кухню, открыла холодильник, и прямо ей в руки вывалился дрожащий Кузька.

— Вот беда, беда, огорчение! — приговаривал он, и слова вместе с ним дрожали.— Я-то думал, это мой домик, укромненький, чистенький, а тут хуже, чем у Бабы Яги, у той хоть тепло! Деда Мороза изба, что ли, да не простая, с секретом: впустить-то впустит, а назад — и не проси... И приманок всяких вдоволь, яства одно другого слаще... Ой, батюшки, никак, олелюшки там оставил! Пропадут они, замёрзнут!

В коридоре послышались шаги, раздался грохот, шум, треск. Кузька до того перепугался — перестал дрожать, смотрит на девочку круглыми от страха глазами. Наташа сказала ему на ухо:

— Не бойся! Хочешь, я тебя сейчас спрячу?

— Знаешь что? Мы с тобой уже подружились, я тебя уже не боюсь! Я сей же час сам спрячусь. А ты беги скорёхонько в горницу, где я был под веником. Отыщи в углу веник, под ним увидишь сундук. Тот сундук не простой, волшебный. Спрячь его, береги как зеницу ока, никому не показывай, никому про него не рассказывай. Я бы сам побежал, да мне туда ходу нет!

Кузька прыгнул на пол и пропал, скрылся из глаз. А Наташа бросилась искать веник. Веника в углу не было. И угла тоже не было. Вернее, он был, но его теперь занял огромный шкаф. Наташа громко заплакала. Из комнат прибежали люди, увидели, что она не ушиблась, не оцарапалась, а плачет из-за какой-то игрушки, про которую и рассказать толком не может, успокоились и опять пошли прибивать полки, вешать люстры.

Девочка плакала потихоньку. И вдруг сверху кто-то спросил:

— Не эту ли шкатулку ищете, барышня?

КТО ТАКОЙ КУЗЬКА?

Наташа подняла голову и увидела высокого человека, папиного товарища. Они с папой когда-то сидели в первом классе на последней парте, потом всю жизнь не виделись, встретились только вчера и никак не могли расстаться, даже вещи грузили вместе.

В руке у папиного соседа по школьной парте был чудесный сундучок с блестящими уголками и замочками, украшенный цветами.

— Хорошая игрушка. В прекрасном народном стиле! Я бы на твоём месте тоже о ней плакал,— сказал бывший первоклассник.— Держи и спрячь получше, чтобы под ноги нечаянно не попала.

Наташа, боясь поверить чуду, вытерла глаза,

сказала спасибо, схватила Кузькино сокровище и побежала искать такое место в квартире, где бы можно было его как следует спрятать. И надо же было так случиться, что этим местом оказалась её собственная комната. Наташа сразу её узнала, потому что там уже были её кровать, стол, стулья, полка с книгами, ящик с игрушками.

— Самая солнечная комната,— сказала мама, заглянув в дверь.— Тебе нравится? — и, не дожидаясь ответа, ушла.

— Нравится, нравится, очень нравится! — услышала Наташа знакомый голос из ящика с игрушками.— Догони её скорей и скажи: благодарствуйте, мол! Хорошая горница, приглядная, добротная — как раз для нас! Каковы сами — таковы и сани!

— Кузенька, ты здесь?! — обрадовалась девочка.

В ответ пискнул утёнок, бибикнула машина, зарычал оранжевый мишка, кукла Марианна сказала «ма-ма» и громко задудела дудка. Из ящика вылез Кузька с дудкой в одном кулаке и барабанными палочками в другом. Старый, заслуженный барабан, давным-давно лежавший без дела, болтался у самых Кузькиных лаптей. Кузька с восторгом поглядел на чудесный сундучок в Наташиных руках, ударил палочками в барабан и завопил на всю квартиру:

Комар пищит,
Каравай тащит.
Комариха верещит,
Гнездо веников тащит.
Кому поём,
Тому добро!
Слава!

В дверь постучали. Кузька кувырк в ящик с игрушками. Один лапти торчат.

— Концерт по случаю переезда в новый дом? — спросил папин товарищ, входя в комнату.

Он подошёл к игрушкам, вытащил Кузьку за лапоть и поднёс к глазам. Наташа бросилась на помощь, но Кузька уже преспокойно сидел на ладони у бывшего первоклассника точно так же, как сидели бы на ней кукла Марианна, Буратино, ещё кто-нибудь в этом роде.

— Вот какие нынче игрушки! — сказал папин друг, щёлкнув Кузьку по носу, но лохматик и глазом не моргнул.— Первый раз вижу такую. Ты кто же будешь? А? Не слышу... Ах, домовой, вернее, маленький домовёночек! Что, брат? Туго тебе приходится? Где же ты в нынешних домах найдёшь печку, чтобы за ней жить? А подполье? Куда спрячешь от хозяев потерянные вещицы? А конюшня? Кому ты, когда вырастешь, будешь хвосты в косички заплетать? Да, не разгуляешься! И хозяев не испугаешь, народ грамотный. А жаль, если ты совсем пропадёшь и все тебя забудут. Честное слово, жаль.

Кузька сидел на ладони у папиного товарища и слушал. А Наташа думала: «Так вот он кто! Домовёнок! Маленький домовёночек! Мне — семь лет, ему — семь веков, восьмой пошёл...»

— Что ж,— закончил папин товарищ.— Хорошо, что ты теперь превратился в игрушку и живёшь в игрушечнице. Тут тебе самое место. А с детьми, братец, не соскучишься! — и положил неподвижного Кузьку рядом с оранжевым мишкой.

— Кузенька! — грустно сказала Наташа, когда дверь за папиным другом закрылась.— Значит, теперь ты игрушка? А как же Афонька, Адонька, Вуколочка? Я думала, они к нам на новоселье придут, мы их угостим из игрушечной посуды, на заводной машине покатаем... А как же волшебный сундучок? Какая в нём тайна? Ты правда встречал Бабу Ягу? И почему ты в лесу очутился, если ты домовой, а не леший? Неужели я больше никогда ничего про тебя не узнаю? Неужели ты насовсем превратился в игрушку?

Тут Кузькин глаз, глядевший на девочку, вдруг подмигнул, а из игрушечницы послышалось:

— Он лежит и еле дышит, ручкой-ножкой не колышет!

И Наташа услышала про домовёнка вот такую историю.

Часть вторая

КУЗЬКА В ЛЕСУ

В МАЛЕНЬКОЙ ДЕРЕВЕНЬКЕ

В маленькой деревеньке над небольшой речкой, в избе под печкой жили-были маленькие глупые домовята, а среди них Кузька. Было это полтора века назад. Кузьке тогда только-только шесть веков исполнилось.

Однажды люди ушли в поле, а взрослые домовые — в гости к полевикам. Домовята остались одни. Вылезли из-под печки, хозяйничают в избе. Афонька с Адонькой выскребли чугуны, горшки, сковородки, вылизали до блеска, зовут всех полюбоваться. Сюр притащил обувь, какая под руку попалась, поплевал на неё, вытер краем рубахи, дал всем примерить. Принёс с улицы одинокий лапоть, и все по очереди прыгали в нём на одной ножке. Сосипатрик с Куковякой прогнали из-под лавки мышей и тараканов, нашли горошины, орешки и пуговицу. Горошины и орехи съели. Полюбовались, как блестит пуговица, унесли её под печку и спрятали в большой зелёный сундук.

Кузька любил подметать. Пыль из-под веника —

к потолку! Степенный Бутеня отнял веник, и Кузька вместе с лучшим другом Вуколочкой глядел с подоконника, как сердито Бутеня двигает веник и как весело бежит за веником чистая дорожка.

Вдруг домовятам почудилось, что идут люди. Скорей под печку. Притаились, слышно стало, как шуршат и шныряют мыши. Вуколочка молчал, молчал, а потом мяукнул и запел:

Ходит Васька серенький,
Хвост у Васьки беленький,
Глазки закрываются,
Когти расправляются.

Играют в кошки-мышки. А настоящие мыши дразнятся: «Мы усатенькие, мы хвостатенькие! А вы и велики, и толсты, и лохматы, и конопаты! Ни усов, ни хвостов! Не похожи на мышей ни норовом, ни говором! И на кошек не похожи! Ни пастью, ни мастью! Глаза не вертучие! Лапы не царапучие!»

И тут Кузька увидел, что с потолка падает уголёк, хорошенький, красненький. Кузька знал, что любоваться угольком нельзя. Надо сразу наступить на него лаптем, тридцать три раза топнуть, тридцать три раза повернуться, и никакой беды не жди. Но глупый домовёнок радостно завопил:

— Ребятушки-домовятушки! Ступайте сюда! Будем играть в мужичков-пожарничков!

Уголёк раздули, подстелили ему соломки, угостили щепками. И запел, заплясал огонь. Давай всех кусать, обижать, обжигать. Домовята от него, а он вдогонку. И ест по пути всё без разбора: перины, сенники, подушки. Чем больше ест, тем сильнее становится. Кинули в него скамейкой, табуреткой — съел и не подавился. Жаром пышет. Красными искрами сверкает. Чёрным дымом глаза ест, серым дымом душит. Домовята под стол и ревмя ревут:

— Огонюшко-батюшка! Не тронь, пожалей!

Вдруг из огня голос:

— Детушки! Бегите сюда!

Домовята ревут:

— Огонь нас кличет, съесть хочет!

Но Кузька догадался, что огонь шумит-гудит без слов и что зовёт домовят дед Папила. Ухватил Кузька Вуколочку — и на голос.

— Ой! Огонь Кузьку съел, Вуколочкой употчевался! — плачут домовята.

А Кузька, цел-невредим, уже тащит за руки Сюра с Куковякой. Остальные следом бегут. Дед всех пересчитал, отправил на волю, а Кузьку оставил: «Жди, не пугайся!» — и в огонь. Бороду опалил, но вынес два сундука, большой и маленький. Маленький отдал Кузьке:

— Выручай, внучек! Две ноши не по силе.

Сундучок лёгонький, домовёнок на ногу быстрый. Обогнал дедушку, выскочил на белый свет и пустился без оглядки. А огонь шумит:

— Стой! Догоню! У-у-у!

Оглянись Кузька, он увидел бы, что не огонь за ним гонится, а низко-низко летит в ступе Баба Яга. Тянет руки, хочет схватить домовёнка с сундучком. Но тот забежал в лес. Пришлось Бабе Яге подняться выше деревьев:

— Не уйдёшь! Поймаю! У-лю-лю!

Долго ли бежал, Кузька и сам не знает.

В БОЛЬШОМ ЛЕСУ

Маленький домовёнок с размаху налетел на огромное дерево и кувырк вверх лаптями. Дерево так стукнуло его по лбу, что искры из глаз посыпались. Кузька зажмурился, чтобы от них лес не загорелся. А дерево шумит:

— Куда бежишь? Почто спешишь?

Сороки стрекочут:

— Воры! Воры! Прячься в норы!

— Бить его мало! — заливаются мелкие пташки.— Бить! Бить!

— Я — не вор! — обиделся Кузька, открыл глаза, увидел над собой зелёную змею и хвать её палкой.

— Ой-ой! — запищал кто-то.— Зачем бьёшь мой хвост? Сей же час убегай, откуда прибежал! Ты такой страшный! Глаза б мои на тебя не смотрели! Вон из нашего леса!

Поднял Кузька голову, а в листве чьи-то глаза блестят и мигают.

— Я позабыл, откуда прибежал!

Из листвы высунулась зелёная лапка, ткнула пальцем в чащу. Там кто-то урчал, выл, повизгивал, деревья тянули скрипучие лапы.

— Не туда показываешь! — испугался домовёнок.

— Туда, туда! — выглянула зелёная мордочка.— Ты пробежал мимо сосен Кривобоконькой и Сиволапки, между осинами Рыжкой и Трясушкой, обежал куст Растрёпыш, пободал Могучий дуб — и лапки кверху.

— У тебя что, все деревья с именами?

— А как же! Иначе они откликаться не будут.

А ты в каком лесу живёшь? — Зелёное существо перескочило на нижнюю ветку.

— Это почему же в лесу? — удивился домовёнок, потихоньку разглядывая незнакомца: надо же, весь зелёный, от макушки до пяток, даже уши, даже хвост (его-то и принял Кузька за змею).

— Всяк в своём лесу живёт,— объяснил зеленохвостик.— Мои братья Еловик и Сосновик — в еловом и сосновом. А ты небось в берёзовой роще? Ты же белый, толстый, как берёзовый пень?

— Сам ты пень! — обиделся Кузька.

Лесной житель засмеялся и очутился рядом с домовёнком:

— Гляди-ка! Разве я похож на пень?

И правда, он был похож на сучок, поросший зелёным мхом. Только этот сучок прыгал и разговаривал.

— А ты знаешь,— спросил Кузька,— где тут у вас неподалёку маленькая деревня у небольшой речки, все избы хороши, моя лучше всех?

— А что такое деревня? Что такое изба? — заинтересовался незнакомец.

ДОЖДЬ В ЛЕСУ

Домовёнок начал объяснять, но тут крупная дождевая капля стукнула его по носу. Чёрная туча накрыла лес. Кузька схватил сундучок, прятавшийся в траве, и бегом под высоченную ель. Лил дождь, а Кузька сидел на сухой хвое, будто на половике. Наверное, с тех пор как эта ель была маленькой пушистой ёлочкой, ни одна капля не упала на землю возле её ствола.

Ветки раздвинулись, и мокрая зелёная мордочка заглянула будто в окошко:

— Ты чего спрятался? А ты кто?

— Домовой,— ответил Кузька.

— Домовых не бывает! Про них только сказки есть,— сказал лесной житель.— Чего пугаешь?

Кузька не стал спорить. Люди и то боятся домовых. А зеленохвостик подавно испугается, и поминай как звали. И поминать-то будет некого.

— А ты кто? Здешняя неведомая зверушка?

— А вот и нет! Не угадал! Ещё угадывай!

Кузька ответил, что всю жизнь будет думать и не угадает.

— Всю-всю жизнь? — восхитился незнакомец.— И не угадаешь? Лесовик я, леший, вот кто. И зовут меня Лешик. Мне уже пять веков. А моему дедушке Диадоху сто веков!

«Из огня да в полымя»,— подумал Кузька и со страху забился под ель как можно глубже.

— Врёшеньки-врёшь! У леших клыки до самого носа торчат, язык во рту не умещается, наружу высунут, и живот на сторону мешком висит. Не похож ты на них. Нечего зря на себя наговаривать!

— Ты перепутал! Это про домовых рассказывают, что у них язык наружу и живот мешком.— Кузька онемел от такого нахальства, а Лешик продолжал:— Мой тятя выше этой ёлки! Он в Обгорелый лес ушёл. Лет на пять или на пятьдесят, как управится. Дедушка говорит, там давно хорошего хозяина не было. А без хозяина лес сирота: сушь да глушь. Хозяин хорош — и лес пригож. Хозяин шагнёт — и дело найдёт. Мы с дедом тут хозяева.

— А правда, твой дед, старый леший,— лихой злодей? Зря народ пугает, в болоте топит, на деревья забрасывает. Детей крадёт, коров угоняет. А рявкнет — уши не успеешь загородить и оглохнешь!

Сказал Кузька всё, что знал про леших, и самому стало страшно. Схватил сундучок — и под дождь, мимо куста Растрёпыша, мимо Рыжки и Трясушки, мимо Кривобоконькой и Сиволапки. Скорей в маленькую деревню у небольшой речки, в лучшую избу, где так уютно, когда за окнами непогода. Сколько раз Кузька пел обидные дразнилки дождю, показывал ему язык из-под печки. И вот ливень настиг домовёнка в чужом страшном лесу.

— Не уйдёшь! У-лю-лю! — заревел поток, потащил, закрутил Кузьку, как щепку, пока рубаха не зацепилась за куст. Хорошо, рубаха крепкая, держит своего хозяина.

Но и печальному, и страшному бывает конец. Перестал дождь. Улетел ветер. Капают капли с веток. Шлёпают лягушки по лужам. Им хорошо. Они знают, куда прыгать. А Кузька так и будет висеть тут, как мокрый лист, потом, как сухой, потом осыплется и замёрзнет под снегом.

— А, вот ты где! Что ты тут делаешь? — Возле куста, рот до ушей, стоял Лешик.— Или ты правда домовой, ежели моего дедушку не знаешь?

И Кузька, болтаясь на кусте, услышал, что дедушка у Лешика — добрый, разумный, красивый, зайчиков пасёт, птиц бережёт, деревья растит.

— А не знает ли твой дед маленькую деревню у небольшой речки? — стуча зубами, поинтересовался Кузька.

— Дедушка Диадох всё знает! — ответил Лешик.— Побежали к нему! Куст Колючие лапки, отпусти моего друга.

Куст зашелестел и ещё крепче обхватил домовёнка.

— Говоришь, спас его? Поток тащил его в Бездонный овраг? Какой ты хороший, куст Колючие лапки! Спасибо тебе!

Ветки отпустили Кузьку.

— Поклонись кусту,— шепнул Лешик.— Он это любит.

Пришлось кланяться кусту. А потом и куст Колючие лапки долго махал вслед друзьям всеми своими листьями и колючками.

БЕРЛОГА

Маленький домовёнок вслед за маленьким лешонком выскочил на большую поляну. Посреди — бугор, на бугре — сосна, красная, как огонь в печи. Большой корявый пень под сосной качнулся, приподнялся. Под ним открылась дыра. Из дыры, упираясь в землю корнями, полез ещё один корявый пень. Кузька наутёк от такого ужаса.

— Постой, сынок, погоди чуток! — добрым голосом крикнул ему пень.— И ты, Лиса, постой!

Пень шагнул к кустам и вытащил из них рыжую Лису.

Тут Кузька разглядел, что у пня не корни, а руки и ноги.

— Ты смотри, зайчишек молоденьких не лови. Они у меня все на счету,— сказал живой пень, держа в руках Лису.— Вот разведётся у нас побольше зайцев, тогда и гоняйся за лопоухими.

Пень погрозил Лисе пальцем и поставил на землю. Морда у Лисы была такая, будто она сама только что держала кого-то поперёк живота, учила уму-разуму. Быстро оглядев Кузьку, Лиса гордо ушла в кусты.

Так вот какой дедушка Диадох! Руки-ноги похожи на корни, волосы — на сухую траву, борода — на мох, а глаза — как ясное небо.

— А это кто же? На кого похожий? — спросил дед Диадох, разглядывая Кузьку.— Для медвежонка слишком голый. Для лягушонка слишком лохматый. Водяной посуху не ходит. На кикимору не похож. И весь трясётся. Уж не родня ли ты нашей осине?

Кузька так стучал зубами, что дятлы на стук откликались.

— Да он озяб! — Дед схватил домовёнка, утащил его под пень, в чёрную нору, и опустил во что-то шуршащее, мягкое, тёплое.

Когда глаза привыкли в темноте, Кузька разобрал, что сидит в коробе с сухими листьями.

— Сколько живу на свете,— удивился дед,— таких лешонков не видал.

— Он не лешонок, дедушка. Он — домовёнок.

— А-а. То-то, гляжу, больно дикий. Из роду домовых, говоришь? Слыхать слыхал, видать не видал. Это растёт на тебе или как? — тронул он Кузькину одежду, с которой текла вода.

Вместо ответа Кузька начал стаскивать мокрые лапти, рубаху.

— Вот-вот, так я и думал. Скидывай, сынок, погрейся чуток,— ласково приговаривал дед Диадох, забирая одежду и укладывая дрожащего Кузьку поглубже в короб.— Лежи, согревайся, сил набирайся. Деревья по осени тоже листву сбрасывают, холодную да мокрую. Весной новая вырастет.

— У меня не вырастет! — испугался Кузька.

— Зато высохнет! — успокоил его дед, укутывая по самую шею сухими листьями.— А это что? — и взял у Кузьки сундучок.

— Там тайна, дедушка! — ещё больше испугался Кузька.

— Ну коли так, береги её! — сказал дед, помогая запрятать сундучок на самое дно короба.

Кузька огляделся. Батюшки, сколько змей, целые выводки! Не сразу догадаешься, что это извиваются и свешиваются с потолка корни деревьев.

Раз восемь в дверь заглянула любопытная заячья мордочка. То ли восемь зайцев один за другим прибегали взглянуть на Кузьку, то ли заяц, которого старый леший спас от Лисы, заглядывал восемь раз.

По углам и вдоль стен берлоги стояли ещё короба и корзины, а в них что-то шевелилось, шуршало, потрескивало.

Кузька то и дело ловил на себе взгляды крошечных блестящих глаз. Какие-то малявки сидели на корнях, ползали по стенам и смотрели, смотрели на домовёнка.

— А ну, кыш отсюда! — прогнал дед лесную мелочь и, смеясь, повторил: — Так тебе наша осина не родня ли?

— Мне деревья не родные. Мне бы что-нибудь поесть, дедушка.

Дед Диадох, задумчиво пожевав губами, принёс из тёмного угла сухую лягушку:

— Кормись, сынок!

Кузька не стал есть сушёную лягушку.

— Не любит,— сокрушался дед.— Я журавлю берёг. Деревом её, бедную, придавило. Может, это хочешь? — и принёс из другого угла пучок сухой душистой травы.

Кузька понюхал и отвернулся.

— Не умеет! — вздохнул дед.— А ничего, вкусная, я пожевал. Лосятам закуску припас к зиме. Да скажи нам, чем ты сыт бываешь?

— Блинами! Пирогами! Молоком! Киселём! Кашей! Репой! Квасом! Щами! Хлебушком! — единым духом выпалил Кузька и облизнулся.

— Сколько незнакомых вещей есть на свете,— покачал головой дед.— Век живи...

— Век учись,— вздохнул домовёнок.

— И у вас так говорят? — обрадовался дед.— Ну, коли помыслы у нас одинаковые, то и вкусы одинаковые найдутся. Повернись да оглянись. Может, выберешь чего по вкусу?

Кузькины глаза, привыкшие к темноте, мигом разглядели большую корзину с орехами.

— Э, да у тебя вкусы как у белки! — рассмеялся дед и притащил ещё два короба: один с шишками, другой с сухими грибами.

Кузька отнёсся к этому угощению без особой радости. Дед подумал, подумал и приволок колоду с мёдом. Тут-то гость показал, на что способны домовые.

Любопытный Лешик тоже лизнул и потом долго вытирал язык то одним зелёным локтем, то другим. Так и закусывал домовёнок орехами с мёдом, пока не почувствовал, что сей же час уснёт. Последнее, что услышал Кузька, засыпая:

«Дедушка, в лесу дождь?» — «Дождь, внучек, ливень...» — «Дедушка, в лесу ветер?» — «Ветер, внучек, буря...» — «Дедушка, в лесу гроза?» — «Гроза, внучек, бушует, ветер дует, молния полыхает, всех пугает. Пора нам с тобой там быть, беду опередить».

ГОСТИ

Маленький домовёнок простудился и заболел. Пристали к нему лихорадка с лихоманкой, трясовица с огневицей. Дрожит Кузька от холода, а сам горячий, как горшок в печи. Говорит, будто комар пищит. Кашляет, будто медведь рыкает.

— Знаю на такую болезнь управу,— сказал дед Диадох.— Да пойдёт ли домовым на пользу? — и принёс из дальнего угла пещеры (лешие называли её берлогой) горькую кору, сухие корешки, кислую травку.

Кузька в рот бы их не взял, но с мёдом и не такое съешь.

Из лесу прибегал Лешик, мокренький, как банный веник:

— Ну и дождь! Ну и буря! Ну, как ты тут? Ну, я пошёл!

Дед Диадох приходил задумчивый, суровый. Рассказывал, как семь ветров дерутся, реки в берега бьются, гром гремит, лес гудит. Клал Кузьке на лоб лапу-деревяшку, совал ему в рот кусок коры:

— Вспомни, внучек, как домовые от таких напастей лечатся?

— Домой хочу! — пищал Кузька.

— Поправься сначала,— говорил старый леший.— И куда спешить? Может, сгорел твой дом? Каково тяжело на пепелище, сам знаю.

Во сне Кузька увидел Вуколочку: грустный и молчит. А вдруг и вправду всё сгорело? Или по Кузьке скучает? «Завтра приду»,— утешил его Кузька, проснулся и вспомнил, как домовые управляются с болезнями.

— Ой вы, лихорадушка с лихоманушкой, трясовичка с огневичкой! Приходите ко мне в гости.—

Домовенок помолчал и добавил: — Вчера! Да не забудьте! Вчера приходите, пожалуйста!

Кузьке сразу стало легче. Лежит себе в коробе, поправляется. Пусть болезни гадают, как это им прийти не завтра, не сегодня, а вчера. Уснёт домовёнок, а какая-нибудь смелая козявка сядет ему на нос или на брови, навестит больного. И, проснувшись, Кузька встретит её пристальный взгляд.

Но вот проснулся, а вместо козявки на него глядит Медведь. Кузька забился под сухие листья, на самое дно короба. Медведь листья раскопал, Кузьку вынул и вручил ему гостинцы: калину да рябину. Съели ягоды с мёдом, и домовёнок спросил, не покажет ли ему Медведь дорогу домой.

— А это чем не дом? — оглядел Медведь лешачью берлогу.

— Дом — это когда есть печка! — объяснил Кузька.

Уточнив, что такое печка, Медведь сказал, что от неё дому только вред и опасность. Кому холодно, пусть обрастает шерстью. Кузька вспомнил про пожар, помрачнел. Но тут вошла Лиса.

— Что значит, когда медведь через пень скачет? — дразнилась она.— Значит, либо пенёк невысок, либо медведь сердит.

Кузька засмеялся, спросил Лису про свой дом. Лиса вместо ответа стала выпытывать: живут ли куры в избе вместе с людьми или где-нибудь отдельно? На Кузькины слова, что в избе хорошо, там горячая каша, пареная репа, топлёное молоко, Лиса усмехнулась:

— А у нас, что ли, всё холодное? Не вся еда растёт, некоторая бегает! Не прав медведь, что корову задрал. Не права и корова, что в лес зашла. Хи-хи-хи!

Медведь так и покатился по полу со смеху. А Кузька решил больше не говорить им про свою деревеньку: жалко кур и скотину.

— Говоришь, дома тебя ждут,— обрадовался дед Диадох, влезая в берлогу.— А теперь и в лесу друзья завелись.

Когда все ушли, Кузька улёгся поудобнее. Разговаривает сам с собой то голосом Афоньки или Адоньки, то басом, как Сюр, то пищит, как Вуколочка. Сам не заметил, как пошёл в пляс с друзьями-домовятами. В середину хоровода опустился горшок с горячей кашей. И Кузька проснулся. «Кыш отсюда!» — сказал он нахальным козявкам, они лезли ему прямо в глаза. Но это был солнечный луч. И в нём лихо отплясывала лесная мелюзга, у которой оказались не только лапки и усики, но и крылья.

Кузька весело вылез наружу и чуть было снова не заболел — от страха. Дед Диадох с Лешиком волокли к берлоге корзину, а в ней копошились ящерицы с оторванными хвостами, больные жуки, приплюснутые лягушки, ещё кто-то...

— Кузя поправился! — обрадовался Лешик.— Теперь помогай других лечить!

— Ой, напасти незнакомые, звериные и насекомые! — дрожащим голосом позвал домовёнок.— Приходите вчера!

— Вчера они и пришли,— сказал дед Диадох.— Буря напоследок совсем разгулялась! Что ж, полечим по-своему, по-лесному. А семь ветров помирились, улетели каждый в свою сторону. Просил их узнать про твою деревеньку. Какой-нибудь из них принесёт весточку с твоей родной стороны. Будем ждать.

БЕЗДОМНЫЙ ДОМОВОЙ

Маленький домовёнок ждать не умел. Сундучок в руки — и к Могучему дубу. Если уж ноги сами принесли его в лес, то пусть сами и уносят отсюда. Долго ли бежал, коротко ли, вдруг слышит: собаки лают. Значит, деревня рядом. Кузька, откуда силы взялись, продирается сквозь кусты. Выскочил на поляну, а там дед Диадох с Лешиком деревца пересаживают и поют. Песни у леших без слов, похожи на собачий лай с подвыванием.

— Молодо-зелено! — показал дед Кузьке на тонкие рябинки.— Теснятся, глупые, подрастут — и ветку вытянуть некуда.

Утром Кузька с сундучком — опять из лесу. Но уже не туда, куда ноги несут, а куда глаза глядят. Бежал, бежал, слышит стук топора. «Ну,— думает,— пристроюсь под телегой, люди и не заметят, кого с дровами везут».

А это не топор стучит. Дед с Лешиком сухостой валят.

— Сами не свалим,— объяснил Лешик,— от ветра упадёт на кого и придавит.

— Дело не медведь, само в берлогу не уляжется.— Старый леший тюкал ладонью, как топором, по чахлым деревцам.— Вот мы и управляемся, старый да малый. И не в лад, да ладно. И не хитро, да кстати.

На другой день подул ветер, верхушки деревьев кланялись ему вдогонку. «С родной стороны!» — обрадовался Кузька, побежал против ветра. Бежит, бежит, слышит щёлканье кнута. Скорей к пастуху со стадом! А это дед Диадох стучит в ладоши. А над ним по веткам мчится стадо, да только беличье, перегоняют его лесовики из ельника в орешник.

— Кузя! — кричит Лешик.— Ветер прилетал, весточки не принёс. Нету вон в той стороне твоей деревеньки!

Несколько дней собирал Кузька с белками орехи, лучшие клал в кузовок — гостинец из леса для друзей-домовят. А потом с сундуком да с гостинцем бежал, бежал, а кругом один лес — тоска зелёная. Со злости начал грибы сшибать лаптями. Вдруг слышит:

— Пошёл, нашёл, потерял! Потерял, нашёл, пошёл!

Люди ходят, грибы ищут! Надо пойти за ними потихоньку, да ещё в корзины грибов подложить незаметно. Глядь, а это и не люди вовсе. Дед Диадох и Лешик собирают под ёлками какие-то красные ягоды. Съел одну — невкусно.

— Семена ландышей,— сказал старый леший.— Птицы отнесут их в Обгорелый лес. Печален лес без ландышей... Пошёл, нашёл, потерял!

— Потерял, пошёл, нашёл! — отозвался Лешик.— Поговорка у нас такая. Повторяй за мной, Кузя!

— Пошёл, нашёл, потерял! — нехотя подтянул Кузька.

— Потерял, пошёл, нашёл! — И дед Диадох вручил домовёнку сверкающий сундучок — сокровище домовых.

Как это Кузька потерял его в лесу? Лучше самому пропасть, чем вернуться домой без сундучка! Никуда он больше не бегал. Сидит на пне, ждёт, не побегут ли от ветра верхи деревьев. Пять ветров прилетали, никаких вестей с родной сторонки, все стороны чужие. И всё кругом домовёнка — чужое. Цветы не те: горошек мышиный, лён кукушкин, капуста заячья, всё не на грядке, а в беспорядке. Сколько ни дёргай, ни тебе красной морковки, ни жёлтой репки. Даже лопухов нет. И птицы не те: никто не кукарекнет, не закудахчет. Гуси и утки только в небе гогочут, пролетая стаями. Чего они в небе не видали? Чириканья много, а воробья ни одного. Мыши и те другие: про кошек слыхом не слыхали, домовых не дразнят. Лиса с Медведем куда-то пропали, поговорить не с кем.

— Дед, а дед,— говорил Лешик,— этак Кузя у нас зачахнет, на корню высохнет. Давай сведём его домой!

— Беда! — тихо, как сухие листья шуршат, отвечал дед.— Всяк кулик на своём болоте велик. Давно б вывели его из леса, да ведь не знаем, цела его деревенька или нет. Каково ему будет одному на пепелище в чистом поле, да ещё зимой? Будем ждать, не тот ветер, так другой принесёт весточку.

Чего-чего, а ждать лешие умеют. Дождись-ка, пока из жёлудя ещё один Могучий дуб вырастет. А лешим хоть бы что, ждут себе, поджидают.

— Не умею я ждать,— горевал Кузька.— Мы, домовые, только праздники умеем ждать, тут уж ничего не поделаешь.

— Вот и хорошо,— сказал дед Диадох.— У нас в лесу скоро праздник. Гостем будешь. А зимой такие гости придут, что и хозяевам воли не дадут: мороз-трескун да вьюга-метелица. Ну да тёмна ночь не навек...

ОСЕННИЙ ПРАЗДНИК

Маленький домовёнок дождался лесного праздника. Ну-ка, посмотрим, как пляшут в лесу, что поют, чем угощаются!

— Кто с нами, кто с нами петь и плясать? Кто с нами, кто с нами в игры играть? — завопил домовёнок, выскочив из берлоги.

Дед Диадох остановил его: осенний праздник начинается тихо, любуйся красотой, да так, чтоб ни один золотой или красный листик не упал с ветки.

Такого синего неба и летом не увидишь. День радовался солнцу, солнце — всякому зверю и птице. Берёза Кургузенькая сияла такой красотой, что все деревья кругом восхищённо шелестели. Осина Трясушка в красной одежде была так хороша, что с её красотой могло поспорить лишь её отражение в большой луже.

Всяк хотел оставить о себе добрую память на долгую зиму.

Тихо вышли на поляну к Красной сосне лесные звери. Кузька оглянулся, а рядом — лось. И не слышно, как подошёл. То ли дело корова или лошадь! То-то было бы треску, мычания, ржания. А вот из кустов вышли тихие, серые, как туман, глаза горят, собаки не собаки, сели на поляне, подняли морды.

— Не бойся! — сказал Лешик.— Сегодня они никого не тронут.

— Волков бояться — в лес не ходить! — произнёс Кузька.

— Вот как у вас сказывают! — рассмеялся дед Диадох.

Как же испугался домовёнок, когда узнал, что это и вправду волки. Хорошо, что старый леший увёл его на другой конец поляны зайцев считать. А Медведя и Лисы что-то не было.

Красивый праздник, да больно тихий. И угощать никого не угощают.

— А потому и праздник, что нет угощения,— сказал дед Диадох.— А то волки зайцами угостятся, куницы — белками, и вместо праздника выйдет одно горе.

Звери подходили, рассаживались на поляне, чего-то ждали. И тут на середину круга вышли дед с внуком. Лешик свистнул, дед хлопнул в ладоши, аукаются, ухают, хохочут. Потом запели без слов — залаяли с подвыванием, а звери им подтягивали. Вдруг старый леший пропал, вместо него среди поляны появился корявый пень, а вместо Лешика — зелёный кустик. Пень превратился в старого седого волка, кустик — в весёлого волчонка. Подбежал волчонок к Кузьке, хвать за рубаху. Кузька обмер, а волчонок завизжал и превратился в Лешика. Старый седой волк снова сделался добрым дедом Диадохом. Вот это был праздник!

Вдруг верхушки деревьев зашумели, побежали. Листья заплясали в воздухе. Летят, как изукрашенные грамоты неведомо от кого неведомо кому. Вот зелёный лист с пурпурным узором, вот пурпурный с золотым. Который краше? Оба хороши! Вот на листе жар-птица с жар-птенчиком, вот богатырский конь с огненной гривой.

«И кто так прекрасно разрисовал осенние листья? — думал Кузька.— Летят и летят... А может, который из них видел маленькую деревеньку над небольшой речкой?»

Тут большущий кленовый лист опустился прямо в руки деду Диадоху. Дед повертел его, ничего не понял. Зато Кузька сразу разглядел на листе свою деревеньку. Каждая избушка не крупнее божьей коровки, дерево ниже травинки, речка тоньше былинки.

— Глядите-поглядите! — кричал домовёнок.— Даже трубы на крышах нарисованы. Дым бежит в гости к тучам и облакам. Цела моя деревенька!

Пока разглядывали лист, ахали, радовались, в лесу стало темно, показалась луна — медвежье солнышко. Вдруг листья полетели, будто их метлой метут. Словно летит кто-то, метлою машет, гудит: «Унесу-у-у!» Звери в испуге разбежались. Осенний праздник кончился.

— Теперь знаем, куда идти,— сказал домовёнок.— Выспимся, и проводите меня из лесу.

— И верно,— зевнул старый леший.— Утро вечера мудренее, трава соломы зеленее.

Никогда не видел Кузька, чтобы лешие спать ложились. В лесу ночью ещё больше жизни, чем днём: звери рыскают, совы кружатся, ночные цветы цветут, светляки и гнилушки светят, много у леших забот. А сейчас домовёнок из своего короба слышал, как не спеша укладываются лешие, старый да малый, как желают ему и друг другу приятных снов.

— Нам с вами зима,— зевнул дед Диадох,— одна ночь. Закроешь глаза, наглядишься снов, откроешь — и весна!

Бедный домовёнок спросонья не понял, что значат эти слова.

ПОГАНКИ НА ПОЛЯНКЕ

Маленький домовёнок сидел на пне у лешачьей берлоги и во всё горло распевал грустную старинную песню:

Соловей, как тебе не стошнилося
Во сыром бору петь, на ветке сидючи
Да на тёмный лес глядючи?

Правда, лес уже был куда светлей. Грустно было глядеть на этот растрёпанный ветрами, лысый и голый лес. Но грустно и уходить отсюда, расставаться с друзьями. Лешие, оказывается, вовсе не злые, сердятся, только когда лес обижают. Разве деревья и кусты сами убегут от обидчика? Зверям со своего места куда деться? И птицы не улетят, возле гнёзд останутся.

Леший в бору что хозяин в дому. Говорят, он нарочно водит прохожих, чтобы заблудились. Да ведь хороший хозяин любит, чтобы гости погостили у него подольше.

А ещё грустнее, что лешие спят и спят, даже песня их не разбудила. Терпение у Кузьки кончилось. Влез в берлогу, принялся будить Лешика. Кричал ему прямо в ухо, дёргал за хвост. Лешик спал. Тогда Кузька начал его щекотать. Лешик захихикал, открыл глаза:

— Что? Уже весна?

«Вот оно что! — подумал Кузька.— Лешие спят всю зиму. Как медведи, барсуки, ежи, как цветы и травы».

— Проснётесь весной,— плакал Кузька,— а я уже пропал с голоду да с холоду.

— Мы-то смотрим на тебя, вот соня. Каждую ночь спать ложится! Ну, думаем, уж на зиму заляжет так заляжет,— испуганно бормотал Лешик.

Оба принялись будить деда. Будили, будили, тот и не пошевелился, пень пнём. Вышли наружу, стали разглядывать листок, на котором Кузькина деревня нарисована. Лешик потягивался, зевал, тёр глаза. Никак не вспомнит, откуда ветер принёс этот листок, в какую сторону им с Кузькой идти. Кузька тоже не запомнил, на деда понадеялся. А старый леший слишком крепко спит, до весны не проснётся.

— Вам, лешим, хорошо,— горевал домовёнок.— Вы живёте беспечно, а нам, домовым, без печки не прожить.

— Не плачь! — сообразил Лешик.— Есть в лесу печка. И не одна, а целых две. Во тьме и гнилушка светит! У Бабы Яги в нашем лесу два дома. Один похуже да поближе, другой получше да подальше. Не может она сразу в двух домах жить. Наверно, зимует там, где получше. А ты в другом перезимуешь, пока хозяйки нет. Сундучок у нас оставь. Яга, как сорока, всё тащит, что блестит.

В чужом доме зимовать страшно, но интересно. Боялся Кузька леших, а они вон какие. Может, и Яга не хуже. Вдруг у неё и домовые есть? И Кузька побежал следом за Лешиком. Глубокий овраг, упадёшь, все косточки пересчитаешь. Один склон лесом порос, на другом — кусты и камни. Внизу — мутная речка. Через овраг кривое дерево перекинуто.

Не хотелось Кузьке ступать на этот мостик. Дерево дрожит, ноги дрожат. Сидеть бы посиживать дома, есть кашу с молоком или похлёбочку. Оступился Кузька. Летит в реку лапоть с одной ноги, а другой застрял в ветвях кривого дерева, держит своего хозяина. Кузька вцепился в дерево обеими руками, повис над мутной речкой.

— А, вот ты где! Какие качели придумал! И я с тобой! Ух, здорово! — Лешик примостился рядом и давай раскачиваться так, что у Кузьки дух захватило от ужаса.— Ладно. Хорошенького понемножку. Бежим скорее!

— Я не могу бежать! — пискнул Кузька.

Лапоть плыл, распустив завязки, как хвост, притормаживал у камней.

— Не можешь без лаптя? Тогда скачи на одной ножке!

Кузька ухватился за лапу друга, не успел оглянуться, как допрыгал до того берега. Лешик побежал спасать лапоть. И вот Кузька — один лапоть сухой, другой мокрый — бежит вверх по каменистому склону.

Совсем темно было бы в здешнем бору, кабы не белые поганки.

— Когда Яга в ступе летит домой,— шепнул Лешик,— то несётся над этими поганками, чтоб мимо избы не пролететь.

На поляне, куда выскочили друзья, белым-бело от поганок.

— Ни одной поганки не сбито! — обрадовался Лешик.— Значит, бабушки Яги нету дома.

Часть третья

КУЗЬКА У БАБЫ ЯГИ

ДОМ ДЛЯ ПЛОХОГО НАСТРОЕНИЯ

Посреди поляны переступала с ноги на ногу избушка на курьих ножках, без окон, без трубы. У Кузьки в деревне были похожие избы, только не на курьих ножках. Там топили печки по-чёрному, дым выпускали через дверь и через узенькие оконца под крышей. У хозяев этаких домов глаза всегда были красные. И у домовых — тоже.

У избы Бабы Яги крыша надвинута чуть не до порога. Перед избой на привязи у собачьей конуры сидел тощий серый Кот. Кот — не собака, гостей пугать — не его забота. Увидев Кузьку с Лешиком, он удалился в конуру и принялся мыть серой лапой серую мордочку — дело, достойное Кота.

— Избушка, избушка! — позвал Лешик.— Стань к лесу задом, к нам передом!

Избушка стоит как стояла. Вдруг из лесу, из-за оврага, прилетел Дятел (любимая птица деда Диадоха), застучал по крыше. Изба неохотно повернулась грязной трухлявой дверью. Друзья потянули за сучок, который был вместо ручки, вбежали внутрь. Дверь сзади так наподдала Кузьку, что он плюхнулся на пол, но не ушибся. Пол был мягкий от пыли.

— Сей же час подмету! — обрадовался домовёнок.— Вот и метла!

— Ох, не мети! Улетишь ты на этой метле неведомо куда. Яга то в ступе летает, то верхом на этой метле! — испугался Лешик.

Ну и дом! Пыль, паутина по всем углам. На печи драные подушки, одеяла — заплатка на заплатке. А мышей видимо-невидимо.

— Вот бы сюда Кота! — сказал домовёнок.

Мыши запищали, сверкнули глазками. Кузька заглянул в печь — соскучился по жареному и пареному. Оттуда кто-то зашипел на него, вспыхнули два красных глаза. Угольки выпрыгнули из печи, чуть не прожгли Кузьке рубаху.

Чугуны, ухваты, горшки были такие грязные, закопчённые, что Кузька понял: искать друзей-домовых в этом доме нечего. Ни один уважающий себя домовой такого безобразия не потерпит.

— Тут мыши вместо домовых, что ли? — сказал Кузька.— Беда хозяевам, у кого они домовые. Уж я-то наведу здесь порядок!

— Что ты, Кузя! — испугался Лешик.— Баба Яга тебя за это съест. Тут у неё Дом для плохого настроения. Сердится она, когда нарушают её порядки или беспорядки.

— У-у-у! Лечу-у-у! — послышалось вдруг.

Дом заходил ходуном.

Ухваты упали.

Чугуны брякнули.

Мыши юркнули кто куда. Дверь настежь, и в избу влетела Баба Яга. Ступу — к порогу, сама —

на печь. Лешик едва успел спрятать Кузьку в большой чугун, накрыл сковородкой и сам уселся сверху.

— Незваные гости глодают кости,— ворчит Яга на Лешика.— А у меня и от гостей одни косточки остаются. Ну, чего пожаловал?

— Здравствуй, бабушка Яга! — поклонился Лешик, не слезая со сковородки.

— Непрошеный гость, а ещё кланяется, вежливостью хвалится,— ворчит Баба Яга.— А сам на чугуне расселся. Лавок тебе мало? Ещё и сковородку подложил. Для мягкости, что ли?

— Повидаться пришёл,— говорит Лешик.— Ты ведь мне бабушка, хотя и троюродная. Летаешь высоко, смотришь далеко. Кругом бывала, много видала...

— Где была, там меня уже нету,— перебила Баба Яга.— Чего видала — не скажу.

— Я только в лесу бывал, деревья видал,— вздохнул Лешик.— А не попадалась ли тебе маленькая деревенька над небольшой речкой?

— Смотри, сам не попадись мне на обед или на ужин! — ворчит Яга.

— Меня есть нельзя. За это тебе в лесу житья не будет, дедушка Диадох палкой наподдаст!

— Не бойся, не трону. Проку от тебя, от тощего комара. Не люблю я вас, леших, терплю только. В вашем лесу живу, куда деться?

— А домовых любишь? — спросил Лешик.— Маленьких домовят? Домовые ведь, как и ты, в дому живут.

— Неужто нет? — отвечает Баба Яга.— Ещё как люблю! Толстенькие они, мяконькие, как ватрушки.

Кузька в чугуне испуганно потрогал себя и приуныл. Он был довольно упитанный.

— Бабушка Яга! — испугался Лешик.— Домовые — тоже твоя родня. Разве родных можно есть?

— Неужто нет? — говорит Баба Яга.— Поедом едят! Домовые мне кто? Седьмая вода на киселе. С киселём их и едят.— Яга свесилась с печи, в упор глядит на Лешика.— Погоди-ка. Бегает тут по лесу один лохматенький, на ногах корзинки, на рубахе картинки. Так где он, говоришь?

Тихо стало в доме, только мухи жужжат. И надо же! Одна мышь лучше места не нашла, чем в чугуне, рядом с домовёнком. Поначалу сидела смирно. А тут хвостом махнула, пыль подняла, ни вдохнуть, ни выдохнуть. Кузька терпел, терпел да так чихнул, что сковородка слетела с чугуна вместе с Лешиком.

Баба Яга как закричит страшным голосом:

— Кто в чугуне чихает?

И тут громко постучали в стену. Друзья вон из дома, не помнят, как и выскочили. Первый же встречный куст загородил их ветками, прикрыл последними листьями. Баба Яга кричит с порога: «У-лю-лю! Догоню! Поймаю!», принюхивается, озирается. Да разве сыщешь лешего в родном лесу! Одни поганки белеют на поляне, да дятел стучит в стену дома.

Кузька одним глазком глянул на Ягу и то испугался. Серый Кот подошёл к хозяйке то ли приласкаться, то ли показать, где прячутся непрошеные гости. Яга и на него рявкнула:

— Надоел хуже собаки! Зачем чужих из дому выпускаешь?

Кот угрюмо поплёлся к конуре. А Яга уже кричит на Дятла:

— Чего избу долбишь? Кыш отсюда! Не видел, куда побежали?

— К деду Диадоху, на тебя жаловаться! — Дятел перелетел на сосну и застучал ещё сильнее.

— Я ж их не съела! Чего попусту жаловаться? Съела бы, тогда и жалуйтесь кому хотите. Да пропади они пропадом! — Яга зевнула во весь огромный рот и ушла в избу. Вскоре по лесу разнёсся её могучий храп.

Лешик с Кузькой направились к мутной лесной речке. Когда они крались мимо конуры, Кот притворился спящим, а сам подумал: «Мышей бы я из дома не выпустил. Эх, переловил бы я их, кабы не цепь!»

ДОМ ДЛЯ ХОРОШЕГО НАСТРОЕНИЯ

В мутной воде у берега плавало корыто. Обыкновенное деревянное корыто.

— Собственный корабль Бабы Яги! — зевнув, сказал Лешик.

Ну и ну! Летает в ступе и на метле, плавает в корыте. Потому, наверное, и в доме у Яги беспорядок. Кузька пожалел корыто. Дитя в нём не искупают, бельё не постирают. Свинья из него не похлебает, телята с ягнятами не попьют. Кот сторожит дом вместо собаки, корыто мокнет в мутной речке да возит на себе Бабу Ягу! Ну и жизнь!

Тут корыто уткнулось в берег, прямо под ноги: садитесь, мол.

— Корабль, а кто не знает, корытом называет!— сказал Лешик.— Плыви куда знаешь!

И вдруг корыто поплыло не вниз, а вверх по мутной речке, против её течения. Сначала оно двигалось вдоль берега со скоростью коровы, потом ещё быстрее. «Как сытый поросёнок от лоханки бежит»,— подумал Кузька. Лешик на эти чудеса не обратил внимания, он зевал и дремал. Вдруг зазвенели, забренчали бубенчики. До того весело, что не устоять, не усидеть, не улежать. Корабль Бабы Яги со всего маху причалил к берегу возле моста.

Ну и мост! Перила точёные, доски золочёные, прибиты серебряными гвоздочками, на каждом гвоздочке бубенчик. Дятел (видно, он твёрдо решил помогать Лешику) уже сидел на перилах. Постучал клювом, бубенчики зазвучали ещё приятнее, век бы слушал. Лешик с Кузькой выскочили на бережок, на жёлтый песок, поблагодарили корыто. И оно весело поплыло само, теперь уже по течению, вниз по речке.

Посреди лужайки дом. Не курная изба, не на курьих ножках. Из трубы завитушками бежит дымок. Чем-то особенным повеяло, необыкновенным. Праздником деревенским, вот чем повеяло!

— Кто с нами, кто с нами петь и плясать? — заголосил Кузька и помчался к дому, да не по простой, а по ковровой дорожке с вытканными на ней розовыми букетами и розовыми бутонами.

— Сразу бы нам сюда! —сказал Лешик.— Такой дом и в зимней спячке не приснится. Это у Бабы Яги Дом для хорошего настроения. Здесь она всегда добрая.

Ещё бы не быть доброй в этаком доме! Крыша из коврижек и коржиков, ставни вафельные, окна леденцовые, вместо порога пирог.

— А вдруг вернётся Яга, увидит меня и съест до крошечки? — Кузька вспомнил, до чего страшна была Баба Яга.

— Нет,— сказал Лешик.— В этом доме она никого не тронет. А в тот дом не ходи. Зовёт, просит, всё равно не ходи, там она кого хочешь съест от злости.

Скрипнула дверь. Кузька испуганно поглядел на крыльцо. И увидел толстого пушистого Кота. Сидит и умывает лапкой чистенькую мордочку.

— Гостей намывает! Кого бы это? Батюшки-светы, он нас намыл! Мы — гости! — сообразил Кузька — и в дом. Лешик следом за ним.

А в доме будто ждут гостей, званых, незваных, прошеных, непрошеных. На столе узорная скатерть, кувшины, корчаги, кринки, миски, плошки, чашки, блюда, самовар на подносе.

— Хороший тут домовой хозяйничает, да небось не один! — обрадовался Кузька.— Эй, хозяева дорогие! Где вы? Я пришёл!

Домовые не откликнулись. Друзья облазали в доме все углы, все закоулки. Под печью и за печью домовых не нашлось. Не было их ни под кроватью, ни за кроватью. Ну и кровать! Перина чуть не до потолка, подушек без счёта, одеяла стёганые, атласные.

Не нашлось домовых ни на чердаке, ни в чуланах, ни в каморках, ни в кладовых, ни в подвалах. Никто не отзывался на самые ласковые приветы и просьбы. Под потолком на серебряном крюке качалась позолоченная люлька. Заглянули и в неё. Может, баюкается в ней какой-нибудь домовёнок-несмышлёныш. Нет, одна погремушка среди шёлковых пелёнок.

Вдруг Кузька увидел, что из самовара идёт пар, а из печи сами прыгают на стол пышки, ватрушки, лепёшки, блины, оладушки. В кувшинах, в кринках оказались молоко, мёд, сметана, варенья, соленья, кислый квас.

Блюда с пирогами сами двигались к домовёнку. Лепёшки сами окунались в сметану. Блины сами обмакивались в мёд и в масло. Щи прямо из печи, из большого чугуна — наваристые, вкусные. Кузька и не заметил, как съел одну миску, другую, потом полную чашку лапши и закусил кашей с топлёным молоком. Напился квасу, брусничной воды, грушевого взвару, отёр губы и навострил уши.

В лесу кто-то выл. Или пел, не поймёшь. Вой приближался. «Я — несчастненькая!» — вопил кто-то совсем неподалёку. Уже стало понятно, что это слова песни. Песня была жалостная:

Уж я босая, простоволосая,
Одежонка моя поистёрлася...

Кузька на всякий случай залез под стол, Лешик — тоже.

— Это гость какой несчастненький жалует,— рассуждал домовёнок, поудобнее устраиваясь на перекладине под столом.

Ох, прохудилася, изодралася,
Вся клочками пошла да, ох, лохмотьями...

Хриплый бас раздавался уже под самыми окнами. Даже стёкла, то есть леденцы, дребезжали. Кузька встревожился:

— Во голосит! Это не Баба Яга, а пьяница-мужик, не иначе.

Он терпеть не мог пьяных. Их Чумичка любит, двоюродный брат. Увидит, вот потеха! Сзади пнёт, сбоку толкнёт, с другого пихнёт, пьяница — в лужу или ещё в какую грязь. Лежит и мычит или хрюкает. А Чумичка за нос его теребит и хохочет. Оттого у них носы красные. Это всё Чумичка!

Хриплый бас за стеной смолк. Кто-то шарил на крыльце. Кузька не находил себе места под столом от беспокойства:

— Ты уверен, что нас тут, в общем, не тронут?

— Уверен, уверен,— зевнув, ответил Лешик.— И дедушка Диадох уверен тоже. Он всегда говорит, в этом доме и тронуть не тронут, и добра не видать.

— Как — не видать? — Кузька высунулся из-под стола.— Вон сколько добра на столе и в печи!

Тут дверь отворилась и в доме очутился... не поймёшь кто. Голосищем мужик, а на голове кокошник золотом горит, самоцветными камнями переливается. На ногах сапожки — зелёные, сафьяновые, с красными каблуками, такими высокими — воробей вкруг каждого облетит. Сарафан алый, как утренняя заря. Кайма на подоле как вечерняя заря. По сарафану в два ряда серебряные пуговки. А из-под кокошника прямо на Кузьку, глаза в глаза, глядит Баба Яга.

— Ой, батюшки! — охнул — и назад под стол, поглубже.

А Яга подняла скатерть, опустилась на колени, заглядывает под стол и руки протягивает.

— Это кто ж ко мне пришёл? — медовым голосом пропела она.— Гостеньки разлюбезные пожаловали погостить-навестить! Красавцы писаные, драгоцунчики мои! И куда ж мне вас, гостенёчки, поместить-посадить? И чем же вас, гостюшечки, угостить-усладить?

— Что это она? — шепнул Кузька, тихонько толкая друга.— Или, может, это совсем другая Яга?

— Ой, что ты! В лесу Яга одна! В том доме такая, в этом этакая,— ответил Лешик и поклонился: — Здравствуй, бабушка Яга!

— Здравствуй, здравствуй, внучек мой бесценный! Яхонт мой! Изумрудик мой зелёненький! Родственничек мой золотой, бриллиантовый! И ведь не один ко мне пришёл. Дружочка привёл задушевного. Такой славный дружочек, красивенький, ну прямо малина, сладка ягода. Ах ты, ватрушечка моя мяконькая, кренделёчек сахарный, утютюшечка драгоценненький!

— Слышишь? — опять забеспокоился Кузька.— Ватрушкой называет, кренделем...

Но Баба Яга усадила их на самую удобную скамью, подложила самые мягкие подушки, достала из печи всё самое вкусное, принялась угощать.

Кузька растерялся от этакой любезности, вежливо кланялся:

— Благодарствуйте, бабушка! Мы уже поели-попили, чего и вам желаем!

Но Яга суетилась вокруг гостей, уговаривала, упрашивала отведать того, попробовать этого, подсовывала самые лакомые кусочки.

— Она что? Всегда здесь этакая? — шёпотом спрашивал Кузька, жуя медовый пряник с начинкой и держа в одной руке сусальную пряничную рыбку, а в другой — сахарного всадника на сахарном коне.

Баба Яга между тем хлопотала у кровати: взбивала перины, стелила шёлковые простыни, бархатные одеяла. Толстый пушистый Кот помогал ей, а когда постель была готова, улёгся на пуховую подушку. Яга ласково погрозила ему пальцем и перенесла с подушкой на печь.

ЗИМА ЗА ДЕНЬ ПОКАЖЕТСЯ

Приснилось Кузьке, будто они с Афонькой и Адонькой играют и вдруг Сюр с Вуколочкой тащат блин. Проснулся, так и есть — блинами пахнет. Стол от угощения ломится. Тут дверь приоткрылась, в горницу, как зелёный лист, влетел Лещик. Кузька кубарем с кровати, как со снежной горы, съехал. Друзья выбежали из дому, побегали, попрыгали по мосту. Колокольчики весело зазвенели.

— Вьюга, метель, мороз, а мне хоть бы что! — Кузька подпрыгивал, как молодой козёл.— Зима за день покажется в таком доме. Эко обилие-изобилие! Хоть зиму зимовать, хоть век вековать! Вот где насладиться да повеселиться, в тепле да в холе при этакой доле! Ах вы, люшеньки-люлюшеньки мои! Эх, сюда бы Афоньку, Адоньку, Вуколочку! Всех накормлю, спать уложу. Лежи на печи, ешь калачи, всего и забот!

Лешик слушал и удивлялся, почему дед Диадох не любит этот дом.

— Ясно! — рассуждал Кузька, грызя леденец.— Пироги дед не ест, щи да кашу не жалует, блинами не кормится, даже ватрушки ему не по вкусу. Чего ему этот дом любить?

— Нет,— задумался Лешик.— Он не для себя не любит. Он и для тех не любит, кому и пироги по вкусу и таврушки...

— Что? Что по вкусу? — Кузька так и покатился со смеху.

— Ты давеча нахваливал. Врушки, что ли, называются?

— Ой, батюшки-уморушки! Ва-труш-ки!

— Я и говорю,— продолжал Лешик.— Дед

не любит, когда тут живёт кто-нибудь, кроме хозяйки. Плохие предания об этом доме.

— Предания и у нас рассказывают. Всякие: и весёлые, и страшные.

— Про этот дом предания невесёлые. Но Яга тут никого не ест, даже не пробует,— сказал Лешик.— Зимуй себе на здоровье, не бойся. Дятел тебя посторожит. А в тот дом, я уж тебе говорил, не ходи!

— Вот ещё! — засмеялся Кузька.— Это Белебеня куда зовут, туда и бежит.

Тут на крыльцо пряничного дома выскочила Баба Яга:

— Куда, чадушки драгоценные? Не ходите в лес, волки скушают!

— Мы гуляем, бабушка!

— Ах, гули-гулюшечки мои! Гуляют гулёнчики-разгулянчики!

Баба Яга прыгнула с крыльца, цап Кузьку за руку, Лешика за лапу:

— Ладушки! Ладушки! Где были? У бабушки! Хороводик будем водить! Каравай, каравай, кого хочешь выбирай!

— Что ты, бабушка Яга! — смеётся Кузька.— Это для маленьких игра, а мы уже большие.

Баба Яга позвала домовёнка завтракать, подождала, когда он скроется в доме, и потихоньку сказала Лешику:

— Кланяйся от меня много-много раз дедуленьке Диадоху, если он ещё не почивает. И вот ещё что. Только Кузеньке об этом пока ни гугу. Принеси-ка ты сюда его забавочку-потешечку — сундучок. То-то он обрадуется!

Потолковали — и в дом. А в доме люлька порхала под потолком, как ласточка. Из люльки высовывался Кузька, в одной руке пирог, в другой — ватрушка.

— Смотри, бабушка Яга, как я высоко! Да не бойся, не упаду!

Затащил к себе Лешика и пошла потеха: вверх-вниз, в ушах свистит, в глазах мелькает. А Баба Яга стоит внизу и боится:

— Чадушки драгоценные! Красавчики писаные! А как упадёте, убьётесь, ручки-ножки поломаете?

— Что ты, бабушка Яга! — успокаивал её Кузька.— Младенцы не выпадают. Неужто мы упадём? Шла бы по хозяйству. Или делать тебе нечего? Та изба небось по сю пору не метена.

Качались-качались, пока Лешик не уснул в люльке. Проснулся он оттого, что в мордочку ему сунулся мокрый серый комок. Лешик отпихнул его — опять липнет.

— Опять он тут! — ахнул Кузька.— Я ж его выбросил!

И сердито объяснил, что Яга, наверное, считает его грудным младенцем. Соску ему приготовила — тюрю. Нажевала пирог, увернула в тряпочку и пичкает: открой, мол, ротик, лапушка. Домовёнок при одном упоминании о таком позоре плюнул, вытер губы и совсем расстроился. Лешик тоже плюнул и вытер губы.

Вылезли из люльки — и на крыльцо. А на ступеньке мокрый тряпичный комочек! Кузька наподдал его лаптем:

— Ну, чего привязался? И всё эта жёваная тюря попадается, всё попадается. Выкину, выброшу — опять тут.

Кузька пошёл проводить Лешика. Прямо на ковре, на розовом букете, опять мокрый узелочек.

— Тьфу! По пятам гоняется! — Кузька что есть сил пнул узелок лаптем.

Взошли на мост, а тюря лежит-полёживает на золочёных досках. Лешик рассердился, столкнул её в воду: ешьте, рыбы! Те, конечно, обрадовались. Им, рыбам, чем мягче, тем лучше. Да и откуда они знают, что это жвачка Бабы Яги. Небось, кто такая Баба Яга, и то не знают. Съели тюрю и уплыли. А тряпку рак утащил в свою нору.

Золочёный мост давно позади, а Кузька всё провожает. Лешик проводил его назад, чтоб не заблудился. Потом Кузька проводил Лешика, потом Лешик Кузьку. В лесу летали снежинки. У Лешика слипаются глаза. Наконец он нехотя сошёл с моста, долго махал лапкой на опушке, потом исчез, пропал в лесу. Только голос, как смешное эхо, долетал из чащи:

«Кузя! Не бойся!»

Но вот и голос утих. Будто никогда и не было маленького зелёного лешонка. Так, предание. То ли был, то ли нет.

Долго стоял Кузька на мостике. Дом у Яги богатый, но один на поляне. Ни других домов, ни плетней, ни огородов. Мутная река вокруг лужайки и лес, чёрный, голый. Вдруг домовёнку почудилось, что чёрные деревья крадутся к мосту, хотят Кузьку схватить. Он — стрелой к дому. И там Баба Яга встретила его с распростёртыми объятиями.

Лешик вернулся в берлогу, печально поглядел на короб с сухими листьями, где когда-то спал Кузька. А может, никогда и не было толстого лохматого домовёнка. Так, предание... Под листьями что-то блеснуло. Кузькин сундучок! Какая в нём тайна? Лешие не успели узнать. И Яга не узнает. Хитрая, тайком от Кузьки попросила. Лешик запрятал сундучок получше и уснул до весны.

Тут в берлогу тихо вошла Лиса. Увидела два вороха сухих листьев: большой да маленький. Лиса давно нашла Кузькину деревню. Это всё куры виноваты, из-за них задержалась. Убедившись, что Кузьки нет, Лиса так же тихо ушла.

А Медведь тоже искал дом, да забыл, какой, зачем и для кого. Нашёл на краю леса замечательную берлогу, улёгся в неё и уснул на всю зиму.

БЕЗДЕЛЬНЫЙ ДОМОВОЙ

Маленький домовёнок проснулся, протёр глаза. Ни Бабы Яги, ни толстого Кота не видать. Зевнул, потянулся, вылез из-под одеяла, сел за стол завтракать.

Чугуны в печи булькают. Сковороды шипят. Огонь трещит. Возле печи топор прыгает, рубит дрова. Поленья — раз-раз! — одно за другим скачут в печь.

«Вот недотёпы! — думает Кузька.— Ежели научились прыгать, упрыгали бы куда подальше подобру-поздорову. А то на́ тебе — прямиком в огонь. Лучшего места не нашли. Да что с них взять? Нет у них своей воли. Чурка, она чурка и есть». Наелся, вылез из-за стола, думает, чем бы заняться.

Тут что-то накинулось на домовёнка, елозит по лицу. Он испугался, отмахивается, отпихивается. А это — полотенце. Утёрло ему нос и улетело на вешалку. А по полу-то, по полу веник бегает, по углам похаживает, лавки обмахивает, сор выметает.

А мусор-то, мусор — этакий прыткий, сам перед веником скачет. Потеха!

Допрыгали так до двери. Впереди мусор, за ним веник, следом Кузька скачет и хохочет. Дверь сама настежь. Сор-мусор улетел по ветру, веник на место убежал. Кузька остался на крыльце.

В лесу, наверное, уже зима. А на круглой поляне перед домом Бабы Яги бабье лето. Трава зеленеет. Цветочки цветут. Даже бабочки летают. В траве какой-то зверь резвится, за ними гоняется. Что за зверь такой? Не съест ли?

Кузька — в дом. Поглядывает в окно. Думал-думал, не помнит, сколько пирогов съел для подкрепления ума, и ведь догадался: толстый Кот резвится на поляне, кто же ещё! Играть — так вместе! И бегом на поляну.

Кот носится как угорелый, на Кузьку никакого внимания. Поймает бабочку, крылышки оторвёт — и за следующей. Выбирает, какая покрасивей.

— Или ты с ума спятил? — грозно закричал домовёнок.— Тебе бы так пооторвать уши! Безобразник этакий!

Кот молча помыл лапкой лапку и скрылся в доме. Кузьке тошно было и глядеть на Кота. Ушёл подальше от дома, к речке, побрёл по жёлтому песочку. Волны крались за ним, слизывали следы. Вода в речке мутная, не поймёшь, то ли глубоко, то ли воробью по колено. Ни птиц, ни зверей — никого. Хоть бы лягушка проскакала, укусил бы комар или муха. Осень, что ли, всех припрятала или всегда здесь эдак? Кузькину тень и ту будто смыла мутная вода. Солнышко светит сквозь какую-то мглу.

Жёлтый песочек кончился. За ним — осока,

болотце, чёрный дремучий лес. Из лесу донёсся тягучий вой. Ближе, ещё ближе: песня разбойничья! Это Баба Яга плывёт в свой Дом для хорошего настроения.

Кузька спрятался в траву. Что, если настроение у Яги не успеет исправиться? Но чем ближе песня, тем веселее. А когда из-за поворота, из лесной чащобы по речной излучине вылетело корыто, песня уже была хоть куда. Прибрежное эхо подхватило её. Развесёлые «Эх!» да «Ух!» заухали, загудели над круглой поляной. Корыто причалило у моста. Серебряные колокольцы звякнули, золочёные доски брякнули. Баба Яга прыгнула на берег. Дятел уже сидел на золочёных перилах.

— Ах ты, пташечка-стукашечка моя! — пропела Баба Яга.— Всё-то он тукает, стукает, головушку мозолит! Всё б ему тук-тук да стук-стук! Ах ты, молоточек мой алмазный, кияшечка ты моя!

Осмелевший Кузька вылез из травы:

— Бабушка Яга, здравствуй! А зачем Кот бабочек ловит?

— Ах ты, чадушко моё бриллиантовое! Всё-то ему знатеньки надобно, такой разумник! Крылышки оторвёт — подушечку набьёт, а скучно станет — скушает. Это котик с жиру бесится, деточка,— ласково объяснила Баба Яга.— Ну, пойдём чай пить. Самоварчик у нас новёхонький, ложечки серебряные, прянички сахарные.

— Иди, бабушка Яга, пей! Ты с дороги,— вежливо ответил Кузька, в дом идти ему не хотелось...

— Дятел! — позвал он, когда Яга ушла в дом.— Давай играть в прятки, в салочки, во что хочешь.

Дятел глянул свысока и продолжал долбить дерево. Кузька вздохнул, пошёл пить чай.

ЗИМОЙ У БАБЫ ЯГИ

Жил маленький домовёнок у Бабы Яги всю зиму. Непогода, вихри, стужа, сам Дед Мороз стороной обходили круглую поляну. Не хотели, наверно, связываться с Ягой. Кузька всё ждал: вот-вот загудит в трубе злая тётка Вьюга, свирепый дядька Буран распахнёт дверь, швырнёт в избу пригоршню снега, Дед Мороз застучит, заскребётся в избу ледяными пальцами.

Но Вьюга ни разу не свистнула в трубу. Буран не подлетел к крыльцу. Метель с дочкой Метелицей гуляли на других полянах. Дед Мороз не дышал на окна, они так и остались прозрачными.

Кузька смотрел, как летит белый снег, покрывает, будто периной, зелёную траву, розовые букеты и бутоны на ковре.

Когда Яги не было дома или она спала на печи, выскакивал на поляну, ловил снежинки, любовался самыми прекрасными, лепил снежки и кидал ими в толстого Кота. Но не попал ни разу. Кот лениво протягивал лапу и на лету ловко хватал снежок, будто белую мышку. Кузька даже снежную бабу вылепил, совсем не похожую на Бабу Ягу. У крыльца сделал горку, катался сколько хотел и сосал разноцветные сосульки, слаще которых ничего не могло быть.

Чуть Яга увидит Кузьку за окном, сразу закричит:

— Ах, дитятко озябнет, замёрзнет, простудится, ознобит ручки-ножки, щёчки-ушки, отморозит носик! — и тащит его в дом, отогревает на печи, отпаивает горяченьким.

Поначалу Кузька удирал, спорил:

— Что ты, бабушка Яга! Это ты — не молоденькая, тебе и прохладно. А мне в самый раз!

Но зима долгая. Кузька понемножку научился бояться даже слабого ветерка, лёгкого морозца. Сидел на тёплой печи или за столом, за расписной скатертью. А Баба Яга готовила ему яства одно другого слаще.

Вот только скука, делать Кузьке нечего. Зимой в избах полно народу. А в закутках и под печкой видимо-невидимо домовых. Дети играют с ягнятами и поросятами, спрятанными в избу от мороза, а домовята — с мышами. Женщины поют за прялками, хлопочут у печей. Старики на печи сказки рассказывают. Вот бы всех сюда, в пряничный дом! Вот бы все обрадовались! И делать-то тут никому ничего не надо, всё готовенькое.

Да вот то-то и оно, что не надо. Бездельный домовой — разве домовой? Но Баба Яга объяснила, что ежели печка печёт, варит, парит и жарит, то кому-то кушать всё это надобно, чтобы добру не пропадать, печь не обижать, и, значит, дел у Кузьки по горло. Вот он и занялся делом — ел до отвала.

Очень скучал домовёнок по друзьям, по Афоньке, Адоньке, Сюру, Вуколочке... Хоть бы во сне чаще снились, что ли. Но Яга, что ни день, а особенно длинными зимними вечерами шептала-нашёптывала, плела сплетни, будто чёрную паутину. Плохие, мол, у Кузеньки дружки, позабыли его, позабросили. Искать его не ищут, спрашивать о нём не спрашивают, никому-то он не нужен: как счастье, то вместе, а как беда — врозь.

Ругала она и новых Кузькиных друзей, леших. Спят в берлоге, как собаки на сене. Кузенькино сокровище присвоили. Зимой волшебный сундук им вовсе ни к чему, а отдать не отдали, себе припрятали чужое добро.

Кузька слушал, слушал да от нечего делать и поверил. И как не поверить? Он ведь всего-навсего маленький глупый домовёнок, шесть веков ему, седьмой пошёл. А Бабе Яге столько веков, что и сама не помнит, со счёту сбилась. И все годы злом жила, неправдой. И умна, да неразумна. Всё б ей хитрить, обманывать. А неправдой далеко уйдёшь, да назад не воротишься и друзей потеряешь.

Сидит Кузька за полным столом. Бабу Ягу слушает, себя жалеет, друзей поругивает.

БАБЁНЫШ-ЯГЁНЫШ

В ту зиму Лешику и деду Диадоху снились неспокойные сны. Старый леший всю зиму видел во сне топор. А его внуку снились серые избушки на курьих ножках, гонявшиеся за ним по всему лесу. Одна всё-таки сцапала его огромными птичьими лапами и сказала: «А не пора ли вставать?»

Лешик поскорее вылез из короба. Дед Диадох ещё крепко спал.

Была ранняя весна. Остатки снега белели на чёрной земле. Лешонок выбрался из берлоги, отряхнулся от приставших к нему в коробе сухих листьев — и бегом к другу.

«Ох, цел ли, жив ли? Этакий маленький породистый домовёночек, ему б расти-цвести!» — думал Лешик, мчавшийся по весенним ручьям и лужам, мокрый, как лягушонок.

Пряничный дом сиял на поляне, как весенний

цветок. Лешик скорее заглянул в окно и глазам своим не поверил, ни левому, ни правому. В кровати, укрытый всеми одеялами, на всех перинах и подушках спал Кузька. В ногах у него дремал Кот. А у кровати, на полу,— половиком укрывшись, Кузькины лапти под головой — храпела Яга.

Лешик сел на крыльцо. Солнце глядело на него тёплым взором. Лешонок обсох. Его зелёная шкурка снова стала пушистой. А он всё сидел и думал. Может, всё-таки и у домовых бывает зимняя спячка? Но, услышав голоса в доме, заглянул в дверь. Кузька сидел за столом и распоряжался:

— Не так, Баба Яга, и не эдак! Я что сказал? Хочу пирогов с творогом! А ты ватрушек напекла. У пирогов творог где? Внутри. А у ватрушек? Сверху. Ешь теперь сама!

— Дитятко милое! Пирогов-то я с морковкой тебе напекла. А ватрушечки румяненькие, душистенькие, сами в рот просятся.

— В твой рот просятся, ты и ешь,— грубо отвечал Кузька.— Одно дитятко, и того накормить толком не можешь. Эх ты, Баба Яга — костяная нога!

— Чадушко моё бриллиантовое! Покушай, сделай милость! — уговаривала Яга, поливая мёдом гору ватрушек.— Горяченькие, свеженькие, с пылу с жару.

— Не хочу и не буду! — пробурчал Кузька.— Вот помру у тебя с голоду, тогда узнаешь.

— Ой-ой, голубчик мой золотенький! Прости меня, глупую бабу, не угодила! Может, петушка хочешь леденцового, на палочке?

— Петушка хочу! — смилостивился Кузька.

Баба Яга побежала из избы и так торопилась,

что не заметила Лешика, прищемила его дверью и полезла на крышу снимать леденцового петуха (он был вместо флюгера). Лешик пискнул, угодив промеж косяка и двери, но Кузька не заметил друга. А с крыши слышалось:

— Иду-иду, мой золотенький! Несу-несу тебе петушка, мой цыплёночек!

Кузька сидел напротив Кота и был гораздо толще его. Макал оладушки в сметану, запивал киселём, заедал кулебякой. Баба Яга суетилась у печи:

— Я сварю-напеку такого-этакого, чего никто не видал и не едал. А видели бы, иззавидовались.

Кот ел пышки с начинкой. Они с Кузькой ухватились за одну особенно пышную пышку, молча потянули каждый к себе. Кузька хотел стукнуть Кота, но увидел Лешика, бросил пышку, заёрзал на лавке:

— Садись, гостем будешь.

— Здравствуй, здравствуй, изумрудик мой зелёненький! Каково спал-почивал? Что так рано встал? Дедуленька небось разбудил, послал внука к старой бабуленьке. Не ждали мы тебя в такую рань,— пропела Баба Яга, внимательно разглядывая лешонка.

— Дедушка ещё спит. Я сам прибежал,— рассеянно ответил лешонок, узнавая и не узнавая друга.

Кузька стал похож на гриб-дождевик, «волчий табак», а ручки-ножки как у жука. Лешик говорит, а Кузька позёвывает или — хлюп-хлюп — тянет чай из блюдца. Вдруг он оживился, поругал Бабу Ягу: что, мол, за безобразие, неужто ничего повкуснее нельзя придумать, смотреть на еду противно. Поворчал и на Кота: разлёгся такой-сякой, чуть не пол-лавки занял. Потом Кузька задремал и храпел во сне, совсем как Баба Яга.

Проснулся, на друга и не глядит. Только Кот глянул на лешонка и зевнул, широко раскрыв розовый рот. А Кузька валяется на полу посредине избы, машет руками-ногами и привередничает:

— Не хочу! Не буду!

Баба Яга бегает вокруг, уговаривает:

— Кушай, поправляйся! Этого попробуй, пока не остыло. Того отведай, пока не растаяло.

Уложила домовёнка в люльку, баюкает. Кузька сосёт тюрю. Может, это и не Кузька вовсе? Может, Яга его подменила? Съела настоящего в другом доме или спрятала, а это какой-нибудь Бабёныш-Ягёныш балуется. И думать не думает, и говорить ему лень, и слушать. А ну-ка, слыхал ли он что-нибудь про Афоньку, Адоньку, Вуколочку? Заговорил про них Лешик, и оживился Кузька, голову из люльки высунул.

— Это ещё что за Афоньки-Адоньки? — вмешалась Баба Яга.— Небось слаще морковки ничего не ели, ни ума у них, ни разума. Не нужны они нам, чучела такие-сякие!

— Хи-хи-хи! Чучелы! — пропищал Кузька, и Лешику стало страшно.

— А где ж волшебный сундучок, Кузенькина радость? — пропела Баба Яга, покачивая люльку.— Или вы с дедом Диадохом забрали себе чужое имущество? Я уж и то подумала: слетаю, мол, сама принесу. Нельзя грабить деточек, нельзя!

Кузька в люльке с тюрей во рту промямлил:

— Отдавай мой сундук сей же час, чучело зелёное! Ты — вор, и твой дед — разбойник! — и Кузька заснул.

Тюря упала на пол. Яга кинула её в печь, в огонь, поглядела на Лешика:

— Сам сбегаешь за сундучком или мне, старой, свои косточки тревожить?

СУНДУЧОК

Маленький лесовичок печально поплёлся в берлогу. Хорошо бы, дедушка Диадох проснулся.

По дороге Лешик попрощался с последним снегом, поздоровался с первой травой, с Кузькиным любимым пнём, с Красной сосной. Дед Диадох спит, как и спал. Лешие чем старше, тем медленнее пробуждаются от зимней спячки, и, пока не придёт пора, буди не буди, не проснутся.

Из-под вороха сухих листьев Лешик достал Кузькин сундучок, он заблестел в темноте не хуже, чем гнилушка или светляк. А когда вынес его из берлоги, то на сундучке так и засверкали прекрасные цветы и звёзды. Лешик нёс его и любовался. «Как же это Кузя хочет отдать такую красоту нечувственнице, ненавистнице?» — думал Лешик, осторожно обходя лужи по пути к Бабе Яге.

— Охо-хо-хо! — вздохнул он у Мутной речки.

«Охо-хо-о-о-о!» — отозвалось эхо, да так громко, угрожающе, будто не лешонок охнул, а медведь взревел или матёрый волк завыл.

Лешик испуганно вскрикнул, и опять будто стая взбесившихся волков завыла в чаще, филины проснулись в дуплах, заухали, зарыдали.

Это было Злое эхо. Даже дед Диадох не знал, где оно живёт, боялся его встретить. Только могучий Леший, отец лешонка, мог бы прогнать или утихомирить Злое эхо, но он сейчас далеко, в Обгорелом лесу. Наверное, Злое эхо неизвестно откуда позвала Баба Яга, чтоб не убежал бедный Кузенька. Лешик ступил на мост. Доски брякнули, колокольцы звякнули. Громом и гулом отозвалось Злое эхо и пошло перекатываться, грохотать, греметь и выть.

На крыльцо пряничного дома выскочила Баба Яга:

— Изумрудик мой пожаловал, сундучок принёс! Вижу-вижу. Давай его сюда! Поглядим-посмотрим, что за чудо невиданное, что в нём такого особенного, в этом сундуке. Дом у меня — полная чаша, а всё чего-то не хватает. Уж и то придумаю и это, а всё чего-то нету.

Хотела взять сундучок. Но Лешик проскочил в дом, из рук в руки передал сундук хозяину. Кузька даже не обрадовался. Глядит тупо, будто полено держит или чурку. Толстый Кот и то внимательнее посмотрел. Баба Яга выхватила у Кузьки сундук. А домовёнок и бровью не повёл.

Разглядывает Яга сундучок, вертит так и эдак:

— Вот мы и у праздничка! Пусть теперь нам все завидуют. У нас волшебный сундук! Станут просить-молить, не всякому покажем, а тому, кто ниже всех поклонится, да и то подумаем.

Видит Лешик: поблёк сундук в руках у Бабы Яги. Так, невесть что, невзрачная деревяшка. Яга теребит замок, колупает уголки:

— Слыхать о нём слыхала. В глаза первый раз вижу. Говорят, он радость приносит. Нам радость, другим — горе. У нас прибавилось, у других убавилось. А какая от него радость, чадушко моё сахарное?

Кузька в ответ только зевнул. Баба Яга трясёт сундук возле уха, разглядывает, нюхает даже:

— Чего с ним делать, дружочек мой любезный? Кому знать, как не тебе. Давно слыхала, что хранится он в маленькой деревеньке у небольшой речки, в твоей избе. Сама видела, бежал ты как угорелый, а сундук, будто огонь, сверкает. И не так далеко та деревенька: вверх по Мутной речке, потом по Быстрой речке, полдня пути... Может, ты обманул меня, изумрудик зелёный,— наклонилась Яга к Лешику,— простую деревяшку подсунул?

Так вот откуда прибежал Кузька! Вот куда его надо поскорее вернуть с сундучком вместе! А Кузька то ли дремлет, то ли спит, то ли так сидит.

— Какая от него радость, скажи своей бабушке! Вот чадушко неблагодарное! Кормишь, поишь и словечка не дождёшься!

Билась Баба Яга, упрашивала. Молчит Кузька.

— И чего нахваливали домовые, и русалки, у всех этот сундук с языка не шёл,— ворчит Баба Яга.— Вон у меня сундуки богатые — полны добром, златом-серебром. А этот? Думали, ждали от него радости. Где она? А нет радости, есть горе. Это что же? Сундук нам горе принёс? Не надо нам здесь, в этом доме, ни горя, ни беды.

Схватила нож, открывает сундук — нож сломался. Стукнула сундук кочергой — кочерга погнулась. Ударила ухватом — ухват переломился. Рассердилась, хвать сундуком об стол — столешница пополам, сундук целёхонек. Как треснет по нему костяным кулаком, у самой искры из глаз, а сундук невредим.

— Нам не владеть, так не владей никто! —

Размахнулась и швырнула сундук в печь.— Не мне, так никому!

Но в печи сразу огонь погас, угли потухли, зола остыла. Сундучок опять целёхонек.

Ахнула Яга, схватила сундучок и к двери:

— В этой печи не сгорел, в том доме вспыхнешь!

Кузька хвать Ягу за сарафан, расписную кайму оторвал:

— Отдавай мой сундук, Баба Яга — костяная нога! Не умеешь с ним обращаться — и не трогай!

— А ты умеешь с ним обращаться, дитятко моё сладенькое? — Баба Яга оставила сундучок у печи, кинулась к домовёнку.— Ежели твой дед Папила в огонь за ним кинулся, значит, и впрямь в этом сундуке какая-то радость. Что за радость, скажи?

Кузька опять молчит.

— Ну,— кричит Баба Яга,— унесу вас всех в ту избу! И с сундуком вместе! Там у меня заговорите! — Хватает домовёнка, а он тяжёлый, не поднять, руками отпихивается, ногами отбрыкивается.

— Тебе надо,— кричит Кузька,— ты и ступай куда хочешь! Там грязно, от пыли не продохнёшь.

— А ежели вымету, вычищу, пойдёшь со мной, деточка? — спрашивает Яга сладким голосом.— Это уже другой дом будет, чистенький, добренький.

— Пойду,— отвечает Кузька.— Лети, что ли, скорее. Мне тут надоело.

Баба Яга верхом на метлу — и была такова. Только Злое эхо вслед прогудело: «У-у-у-у!»

ПОБЕГ

Маленький лешонок торопится. Надо бежать! А Кузька сидит за столом, ест ватрушки. Лешик и так и сяк старается увести друга. Нет, сидит сиднем.

— В гостях хорошо, а дома лучше. Гость гости, а погостил, прости! — вдруг сказала печка.

Кузька от удивления ватрушкой подавился.

— Пора и честь знать,— говорит печка.

Лешик — к печке, схватил сундучок, а сундучок опять сверкает цветами и звёздами. Лешик не стал разбирать, кто говорит такие слова, протягивает сундучок домовёнку:

— На!

— Дай! Дай! — Кузька тянется к сундучку, а встать лень.

Чудеса! Кочерга шагнула от печи, толкает домовёнка к выходу, ухваты подпихивают. Веник выскочил из угла, подхлёстывает сзади. Кузька спасается от веника, кое-как перевалил через порог.

Дом сам выпроводил домовёнка, пожалел его.

Куда бежать? Злое эхо и мост и корыто охраняет. Один путь — через Чёрное болото. Лешик про это болото слыхать слыхал, а бывать в нём не бывал. Там жили болотные кикиморы, глупые, бестолковые. Дед Диадох про них говорил: свяжись с дураками, сам дураком станешь.

Лешик пятится к болоту, манит сундучком Кузьку:

— На! На!

Домовёнок путается в лаптях, ножки подгибаются:

— Дай! Дай!

Ползёт, как улиточка.

Кое-как доползли до леса. Хоть болотный, а всё-таки лес. Чахлый, дряблый, дряхлый. Все деревья врозь, будто в ссоре, и все кривули. Только ёлки выстроились в ряд, высокие, прямые, как сторожа при болоте. Деревья обрадовались Лешику, ёлки лапами замахали: сюда, сюда!

Лешик спрятал друга поглубже под ёлку, сундучок там оставил, побежал искать тропу через болото. Одни лешие эту тропу и нашли бы. Даже Лешику здесь жутко. Сойдёшь с тропы — засосёт трясина.

А со стороны круглой поляны шум, крик. Это Баба Яга вернулась, а в Доме для хорошего настроения ни Кузьки, ни Лешика, ни сундучка. Накинулась на Кота:

— Куда побежали?

Толстый Кот улёгся на самую мягкую подушку, улыбается в усы, мурлычет потихоньку и показывает лапкой совсем в другую сторону. Туда, мол, убежали по розовому ковру, по золочёному мосту, в лесную чащобу, в лешачью берлогу. Куда ещё? Рад, что нет в доме домовёнка, убежал, и ладно. А то явился гость незваный-непрошеный и стал хозяином. Кому приятно?

Баба Яга — на мост. Ругает Злое эхо почём зря: зачем её, Ягу, не позвало? Яга кричит. Злое эхо не молчит. Шум стоит, деревья гнутся. Лешик уши заткнул. Кузька из-под ёлки высунулся, глаза вытаращил. Испугался. Понял, какова Баба Яга.

Лешик с Кузькой улепётывают в одну сторону, через Чёрное болото, а Баба Яга в другую, через лес. Дятел летит перед ней, то сучок сломит, то сухой листик потеребит, заманивает Ягу подальше от Кузьки с Лешиком. Баба Яга туда-сюда мечется, с ног сбилась, руки протягивает, но вместо беглецов то трухлявый пень обнимет, то колючую ёлку сцапает. Птицы на Ягу кричат, кусты за подол хватают, сухие листья запутались в волосах.

Баба Яга чуть не плачет. Кокошник потеряла. Сарафан в клочья. Села отдохнуть, а молодая ворона рада-радёхонька: уселась на её косматую голову — готовое гнездо, тут и выведу воронят.

— И что мне пешей-то вздумалось ходить? — ворчит Яга.— Или мне летать не на чем? Всегда то на метле, то в ступе, то в корыте, а тут по дремучему лесу без дороги! Старый леший, что ли, проснулся, водит по лесу?

Проплутала до ночи. Уже и не беглецов ищет, а обратную дорогу. Хорошо, повстречался старый Филин, вывел к Мутной речке, к кривому стволу. Ствол дрожит, Баба Яга кричит:

— Ой, батюшки, упаду! Ой, матушки, утону!

Чуть живая к рассвету добралась Яга до своего Дома для плохого настроения, повалилась на печь и уснула как убитая. Проснулась, съела горшок каши:

— Ну, сейчас полечу, отыщу, отомщу, отплачу-у-у! Сундук отниму-у!

А лететь-то и не на чем. Ступа да метла в пряничном доме. Села в корыто, доплыла до золочёного моста, и тут её настроение улучшилось. В дом вошла в превосходном настроении: стол накрыт, самовар кипит, толстый Кот ждёт хозяйку, мурлыкает.

Напилась Яга, наелась, говорит Коту:

— Ох и сон мне снился в том доме! Сейчас расскажу. Про домовых, что ли? Или про кикимор? Уж и не вспомню. Ну, ничего, слетаю в тот дом, сразу всё вспомню!

КИКИМОРЫ БОЛОТНЫЕ

Маленький домовёнок с маленьким лешонком пробирались через болото. Кузька споткнулся о кочку:

— Ой, как я устал! Ой, не могу!

— Тише,— зашептал Лешик.— А то услышат.

— Злое эхо? — испугался Кузька.

— Что ты? — ответил Лешик.— В Чёрном болоте даже Злое эхо глохнет. Кикиморы болотные услышат, они тут хозяйки.

«Ох-ох! — думал Кузька.— И пожар, и тёмный лес, и Баба Яга, а теперь ещё какие-то страшные кикиморы. Их ещё не хватало. Ох-ох!»

Весь день хлюпала под ногами друзей чёрная болотная жижа. Кузька с трудом вытаскивал из неё свои лапти. Чем дольше глядел Кузька на болото, тем меньше оно ему нравилось. «Никогда ни в какое болото ни ногой! — размышлял он.— Пусть просит кто хочет, уговаривает. Всё равно не пойду, с места не тронусь».

Лешик легко бежал даже по болотной тропе. Возвращался, поднимал упавшего Кузьку и опять с сундучком в лапках убегал вперёд. Посмотреть, скоро ли кончится болото.

Кузька опять споткнулся о кочку. Лежит и жалеет себя. Сейчас за ним вернётся Лешик, и снова тащись по болоту.

Тихо колышется осока.

Тихо поднимается туман.

Неслышно летают в небе какие-то птицы. А рядом жижа, блестящая, чёрная, на ней зелёные моховые кочки. На некоторых кочках деревца трясутся, будто в лихорадке. Затрясёшься тут!

— Ох-ох! Грязный я, как поросёнок! — заохал Кузька.— Это свинячьим детям хорошо по грязи елозить. Ох-ох! Бедненький я, несчастненький!

И тут рядом с ним послышалось:

— Ах-ах! Миленький он, прекрасненький!

Домовёнок увидел перед собой серые головки среди осоки. Высунутся, пропадут, опять высунутся. Кикиморы болотные, что ли? И совсем не страшные. Зря Лешик пугал.

— Вот беда-беда-огорчение! — пожаловался кикиморам Кузька.

— Вот вода-вода-обмочение! Вот еда-еда-угощение! — подхватили весёлые голоса.

— Устали мои резвые ноженьки,— вздохнул Кузька.

— Оторвали ему ноженьки, разбросали по дороженьке! — обрадовались кикиморы.— Ух-ух! Весь распух! Глазки окривели, комары заели! И-и-и!

— Перестаньте сей же час! — закричал на них Кузька.— Перестаньте дразниться, вам говорят! — и махнул рукой.

Что одна, то и другие — так всегда делают кикиморы. Одна чихнёт, закряхтит или заскрипит, тут же все остальные хором: «Пчхи! Кхи! Скрип-скрип!» Если у одной кикиморы на обед сушёные комары, то и другие в этот день сушёной мухи не попробуют.

Кикиморы тоже замахали руками, да не пустыми, каждая зачерпнула болотной грязи. Скачут вокруг Кузьки. Тощие, длинные, плоские, корявые. Головы с кулачок, то лысые, то лохматые, серые, зеленоватые, один глаз на лбу, другого не видать. Нога всего одна, больше в болоте не надо, а то одну вытянешь, другая увязнет. Зато рук по три, по пять, а у старшей кикиморы и не поймёшь сколько.

Машут руками. Рты разевают, большие, как у лягушек. Ногу из трясины вытянут и прыгают: шлёп-чмок!

Через болото мало кто ходит, вот и попалось им развлечение.

А Лешик уже добежал до края болота. Поставил сундучок под берёзу, что росла с краю. Вдруг сзади писк, визг! Лешик взял сундучок и назад. Глядь, валяется Кузька поперёк тропы, а кикиморы тянут его в разные стороны.

— Здравствуйте, кикиморы болотные! — поклонился Лешик.

Кикиморы отпустили Кузьку, долго кивали и кланялись, а потом внимательно глядели, как Лешик очищает Кузьку от грязи. Но не успели друзья пробежать несколько шагов, как кикиморы закричали: «Салочки! Салочки!» — схватили их и верещат: «Поймали! Поймали!»

— Что вы, кикиморы болотные! Отпустите нас, пожалуйста! Нас ждут. Нам пора,— уговаривал их Лешик, подталкивая друга к выходу из болота.

— Пора! Не пора! — обрадовались кикиморы, загородив тропу, и запрыгали с неё в болото.— Пора! Нет, не пора! Не подглядывайте, ишь, хитренькие! Вот теперь пора! — и скрылись из глаз.

Кузька и думать забыл, что разучился бегать, так припустил по тропе. Вот уже берёза впереди, верхушки леса виднеются. Ура!

— Уря-ря-ря! — завопили кикиморы, одна за другой выскакивая на тропу и загораживая проход.

С тропы не сойдёшь — засосёт чёрная трясина. А кикиморы дразнятся:

— Неотвожа, красна рожа! Неотвожа, зелёна рожа!

— Какие ж мы неотвожи! — пробовал объяснить Кузька.— Мы ведь не играем. Вот вылезем из болота, отмоемся, тогда и поиграем. Знаете, сколько игр я знаю! Отнесём сундучок и вернёмся. Вот этот,— и показал на сундучок в лапе у Лешика.— Да вы что, спятили? — завопил Кузька и бросился к большущей кикиморе, пытаясь отнять у неё сундучок.

Самая старшая кикимора, у которой не поймёшь, сколько рук, выхватила сундучок у Лешика, быстренько передала его подружкам. Пошёл, пошёл сундучок из рук в руки, исчез в болоте вместе с кикиморами. Только его и видели.

— Отдайте! — кричал Кузька.— Он же у моего дедушки хранился. И ещё у дедушкиного прадедушки. А вы его — в болото!

ЗАКАТ

Маленький домовёнок с маленьким лешонком сидели под берёзой на краю Чёрного болота и плакали. Теперь друзья знали, что маленькая деревня у небольшой речки совсем недалеко. Кузька смотрел на закат и вспоминал, как точно такой же закат, точка в точку, тучка в тучку, видел он вместе со своим другом Вуколочкой...

Домовята редко глядят на закаты. Разве поспорят, на кого похоже облако — на поросёнка, на лягушку или на толстого Куковяку. И больше в небо не смотрят: поросят, лягушек и Куковяку можно увидеть и на земле.

Один Вуколочка любовался небесной красотой,

а иногда звал с собой Кузьку. Усядутся поудобнее под забором в крапиву (домовым она не страшна) и любуются. Вуколочка сунет палец в рот, глядит на вечернее небо, забыв даже про своего лучшего друга. А Кузька скоро забывает про закат и глядит на деревенскую улицу.

Люди домовят не замечали. Другое дело — кошки или собаки. Знакомые кошки, пробегая, задевали друзей хвостами, а поглядывали так, будто видят Кузьку с Вуколочкой первый раз в жизни. Зато собаки! Чужие сразу лают и хватают за лапти, а свои Шарик и Жучка храбро защищают. Долго перекатывается по деревне собачий лай. А там и в других деревнях собаки откликнутся. И ветер носит этот лай от деревни к деревне всем домовым на радость.

На плетнях и заборах сидели воробьи, вороны, прочие вольные птицы и смеялись над домашними птицами: до чего ж они глупы и жирны! Какой-нибудь петух поймёт не поймёт, да вдруг заголосит, взмахнёт крыльями, налетит как ястреб и освободит забор. И опять на плетнях и заборах машут рукавами сохнущие рубашки, молча проветриваются кувшины, чугуны, вёдра, половики, тулупы.

Иногда задумчивый телёнок жуёт половик или печальная коза пробует на вкус чьи-то штаны, и тогда из дому выбегают бабка или дед, а ежели людей не оказывается, то через порог переползает домовой и прогоняет скотинку. Ведь большого ума не надобно, чтоб жевать онучи!

Вуколочка закатами любовался, а Кузька — травой-муравой на деревенской улице. Бегают в траве утята, цыплята, гусята, поросята с матушками, а то и с батюшками. Щенки, котята и дети бегали сами, без матушек-батюшек. Взрослые люди бегали редко, а встречаясь, кланялись и разговаривали. Больше всего взрослые любили ходить по воду. Они черпали из колодца ведро за ведром. Кузька всё ждал, когда же кончится вода. Но она и не думала кончаться. Кто её подтаскивал и доливал в колодец? Водяной, что ли, присылал кого-нибудь ночью, под покровом тьмы? Кузька с Вуколочкой давно собирались выследить, кто доливает в колодец воду. Но нечаянно как соберутся, так и проспят. Люди, наверное, тоже не знали, кто доливает воду, и подолгу беседовали об этом у колодца.

Дорога пыльная. Бежит по ней поросёнок, хрюкает. А за ним Нюрочка с хворостиной. Рубаха у неё длинная, сама Нюрочка коротенькая, запуталась, упала и как заревёт. Мала, а голос как у быка. Рёва, каких свет не слыхивал. Надо — плачет, и не надо — плачет. Раньше всё прибегали её жалеть, да на всякий рёв не набегаешься. Лишь поросёнок вылез из лужи утешать хозяйку. Нюрочка — от него, даже плакать забыла. Кузька хохочет, а Вуколочка удивляется: что смешного видно на небе?

Один закат Кузька всё же разглядел и запомнил.

— Ой, смотри! — Вуколочка повернул Кузькину голову к небу.

Долго друзья глядели, как в небе сияют и переливаются алые, жёлтые, золотые лучи. Кузька решил, что заря — это большущая лучина: солнце зажгло её, чтоб не ложиться спать в темноте. А Вуколочка сказал, что солнце уже засыпает и что заря — это его сны. Домовята даже поспорили...

Всё это вспомнил Кузька, глядя на закат. Даже хотел толкнуть Вуколочку, но толкнул Лешика. И вот то ли солнце задуло свою лучину, то ли сгорела она дотла. Стало темным-темно.

И вдруг из болота послышалось:

— Никто-никто вам не поможет! Кто-кто не поможет, а мы поможем! Кому-кому, а вам поможем! И не кто-кто, а мы! И не кому-кому, а вам! Кому-кому, как не вам!

И лягушки скок-скок по болоту, с кочки на кочку, с кочки на кочку. Искали-искали сундучок и нашли. Висит среди болота на суку на длинной сухой коряге, сколь ни прыгай — не достанешь. Прыгали-прыгали лягушки, квакали-квакали и придумали, как быть.

ДЯДЯ ВОДЯНОЙ

Маленький домовёнок и маленький лешонок следом за лягушками прыгали по мокрому лугу. Что-то сверкает впереди, что-то светит в небе. Вот у реки то ли кусты качаются, то ли кто-то машет руками. Русалки!

Русалки качались на ветвях деревьев, склонившихся над водой. Русалки водили хоровод на светлом песке. Одна русалка сидела на большом камне и пела песню.

— Смотрите, Кузька! — закричала она.— Домовёнок Кузька! Его ищут, ищут, ищут, у всех спрашивают. Вот обрадуются домовые!

— Кузька! — Русалки окружили домовёнка, потащили к реке, смыли с него болотную грязь и давай щекотать.— Вот счастье-то! Кузька нашёлся!

И Кузька, смеясь от щекотки, сообщил русалкам:

— А у нас — хи-хи-хи! — кикиморы — ой, батюшки, не могу! — волшебный сундучок — ха-ха-ха! — украли!

Русалки все до одной всплеснули руками и заплакали. Луна поднялась. На светлом песке сидят Кузька и Лешик, думают. В реке плавают русалки, качаются на волнах и тоже думают. И придумали!

— Водяной! Дядя Водяной! — стали звать русалки и Кузька с Лешиком.

Вода в реке дрогнула, покрылась рябью. По ней пошли большие круги. И вот показалась огромная косматая голова. Луна освещала длиннющие усы и бороду, корявые руки и могучие плечи.

— Это почему такой шум-гам? Что орёте, как коровы на лугу? — кричит Водяной.— Ну? Чего молчите? Отвечать нету вас. Озорничать — на это пригодны. А это кто такой?

— Кузька! — закричали русалки.— Кузька нашёлся!

— Ну и что? Ну и нашёлся! Надоел он мне. Все про него спрашивают — и домовые, и лешие: «Не видал ли, не встречал ли?» Ну, вижу! Ну и что? И глядеть-то не на что! А это кто? Лешик? Какого лешего ему здесь нужно?

Голос у Водяного такой грубый, что Кузька с Лешиком спрятались за большой камень.

— Кто меня звал? Кому я надобен?

— Мы звали! Нам надобен! — кричали русалки.

— Ну а вы мне не надобны! — грубым голосом ответил Водяной и скрылся в реке, только круги пошли.

Скоро на том же месте снова вынырнула косматая голова. Водяному было любопытно, зачем это он понадобился русалкам, да ещё и домовёнку с лешонком. Русалки и прежде звали его: той подари жемчужинку, другой жемчужинку, третьей лилии подай, да не какие-то жёлтые кувшинки, а нежные голубоватые лилии под цвет луны, и чтобы он, Водяной, эти лилии сажал бы и выращивал. Но чтобы все сразу звали Водяного, этого ещё не было.

Водяной важно высунул голову и сурово спросил:

— Ну, что вам? Что? А дальше что? Рассказывайте, рассказывайте, да все разом, а то не пойму, больно у вас голосочки нежные!

— Сундучок, дядя Водяной! Волшебный сундучок кикиморы утащили! — хором ответили русалки и Кузька с Лешиком.

— Ну и что? — ещё суровее спросил Водяной.— Они утащили, а мне что?

— Как — что? — хором ахнули русалки.— Сундучок волшебный! Как же без него Кузьке домой вернуться?

— Ну и пусть не возвращается! — Водяной опять ушёл в воду.

Ждали-ждали русалки, нет, не показывается. И тут одна русалочка засмеялась:

— Ай да кикиморы! Даже дядю Водяного не боятся! Ни за что его не послушаются!

— Это меня не послушаются, говоришь? Вот я им! Вот они у меня! — Из воды вынырнула огромная голова, за ней борода, показались плечи, вот уже и весь Водяной в полный рост, в тине, в водорослях, маленькие рыбки запутались в бороде.

Водяной вышел из реки, свистнул и направился к болоту. Вода потоками лилась с бороды. А за ним, как по реке, двигались русалки, лягушки, рыбы, жуки-плавунцы...

Когда Кузька с Лешиком, прыгая через ручьи, бегущие за Водяным, подошли к болоту, там уже перекатывался голос:

— Ого-о-о! Охальницы! Безобразницы! Кикиморы болотные! Тащите мне сундук, который у прохожих отняли! Русалки, сундук никому не отдам, у себя оставлю! Ого-го!

— Ох! — испугался Кузька.— Мало радости от такого спасения!

Уже чуть светало. Туман то ли опускался на болото, то ли поднимался с него. То ли ходил кто-то по болоту, то ли оно само чавкало. Кикиморы не откликались. Хихикнет кто-то, и какие-то тени в тумане носятся туда-сюда.

— Молчат! Жижи болотной в рот набрали! Тьфу ты! — рассердился Водяной.

— Фу-ты, ну-ты, лапти гнуты! — подхватили кикиморы и давай плеваться, чихать, каркать, крякать, скрипеть.

— Вы что? — рявкнул Водяной.— Это я к вам пришёл! Мне сундук подавайте! Вот я вас!

Кикиморы помолчали и вдруг грянули хором:

Как на горушке козёл,
На зелёненькой козёл!

Русалки застонали от ужаса, услышав эту песню. Ведь Водяной терпеть не может козлов, слышать о них не хочет, жизнь ему делается не мила при одном имени козла. А кикиморы как ни в чём не бывало дразнят:

Чики-брыки-прыг, козёл!
Чики-брыки-дрыг, козёл!

Схватился Водяной за уши, бегом назад. Добежал до реки и бросился в омут головой.

МЕДВЕДЬ И ЛИСА

Маленький домовёнок и маленький лешонок опять сидели одни под берёзой у края болота.

— Красное солнышко на белом свете чёрную землю греет,— печально сказал Лешик, глядя, как поднимается солнце, а ночь прячется в болото.

Вдруг затрещало, зашумело. Кто-то тяжёлый бежал по лесу. «Баба Яга, что ли?» — испугался Кузька. И тут из кустов выглянул Заяц, за ним другой, третий, а за восьмым зайцем, тяжело дыша и махая лапами, выскочил Медведь:

— А я-то кустами трещу, вас ищу! С лап сбился! Ура!

Лягушки врассыпную, Заяц в кусты (это он помог Медведю отыскать друзей), а все до единой кикиморы выскочили и заверещали:

— Уря-ря-ря! Ря-ря! У-у-у!

Орут так, что Медведя не слышно: пасть открывает, а звука нет. Медведь даже попятился от болота. Кикиморы поорали и умолкли.

— Они что? С ума спятили? — шёпотом спросил Медведь.

— Им, наверное, не с чего спячивать,— ответил Кузька и рассказал про сундучок.

Медведь рассердился, заревел изо всех медвежьих сил:

— Отдавайте сундук, воровки!

Кикиморы запрыгали, захихикали! Ещё бы! Сам Медведь с ними беседует. И запели:

Как пошёл наш Медведь по грибы, по грибы,
И застрял наш Медведь, ни туды ни сюды,
Во болотушке, во трясинушке!

За Медведем кикиморы отправили по грибы Зайца, утопили в трясине лягушек, за ними — Кузьку с Лешиком. А там и берёза пошла по грибы, и тучка в трясине ни туды ни сюды. Всё, что попадалось на глаза кикиморам, тут же попадало в их дурацкую песню.

И вдруг они запели:

Как пошла наша Лисичка по грибы, по грибы...

— Это что ж здесь происходит, а? — спросил вкрадчивый голос.— И кого ж здесь обижают, а? И кто же это при всём честном народе безобразничает, а?

Из куста вышла Лиса, повернулась налево, повернулась направо и как крикнет:

— Кикимарашки-замарашки! Кикимордочки чумазые!

— Сама мордочка! От замарашки и слышим!

— А я в вас шишкой кину! — Лиса наподдала шишку задними лапами, и шишка полетела в болото.

— И мы в тебя шишкой! И мы в тебя шишкой! — орут кикиморы.

И вот уже грязная шишка летит из болота прямо в Медведя.

— А я в вас камешком! — И Лиса бросает в болото камешек с тропинки.

— И мы, и мы камешком! — Кикиморы нырнули в болото за камнем.

Лиса попросила друзей принести ещё камней, да побольше. Знай покидывает камнями в болото. Только и слышно, как они свистят и шлёпаются. Друзья не успевают подносить. А Медведь приволок такую глыбу, что самому пришлось бросать её в болото, трясина ухнула, пошла кругами. Тонут камни в болоте. А кикиморы достать их не могут, кидаться нечем. Пробовали грязью, но Лиса их задразнила:

— Вы в нас мяконьким, а мы в вас твёрденьким! — и угодила камнем прямо в большую кикимору, у которой не поймёшь, сколько рук.

Шлёпнулась кикимора вверх ногой, заверещала жутким голосом, вспомнила о чём-то, перевернулась, запрыгала к сухой коряге на середину болота, схватила волшебный сундук и как запустит в Лису. Летит сундук над болотом. Смотрит на него множество глаз. Долетит ли? Кикиморы обрадовались:

— И мы в вас твёрденьким! И мы в вас твёрденьким!

Сундучок упал прямо на Лису. Кузька вцепился в него обеими руками, поверить своему счастью не может. Орут кикиморы, верещат, радуются: в цель попали и столько народу на них смотрит!

— Кикиморы они кикиморы и есть,— сказал Лешик.— Весь век озорничают да балуются. Может, иначе в болоте и не проживёшь?

Когда все ушли, кикиморы тут же всё забыли, грызут болотные орешки и беседуют:

— Комары и мухи нынче не такие сытные, как в старину. Отощают совсем, что делать будем?

Поохали, повздыхали, опять переполох:

— А вдруг все болота сразу возьмут и высохнут? Куда кикиморам деваться?

Не успели опомниться от такого ужаса, как новое беспокойство:

— А что, если вся земля болотом станет? Где набрать столько кикимор для заселения?

ВЕСЕННИЙ ПРАЗДНИК

– Со сна и еле-еле поднялся он с постели,— потягиваясь и зевая, сказал старый леший свою любимую поговорку, ею он встретил девять тысяч девятьсот девяносто девятую весну.— Какая там погода, внучек? В солнышко или в дождь проснулись?

А внука-то и нет. Вылез дед из берлоги, поклонился солнышку. На поляну выскочили зайчиха и семь зайчат:

— Доброй весны, дедушка!

— Доброго лета, зайчишки! До чего ж вы хороши! Да как вас много! — смеялся дед Диадох.

Всё новые зайцы выскакивали на поляну. Дед принялся их считать. Вдруг из-за деревьев стрелой вылетела Сорока с ужасной вестью-новостью: кикиморы утопили в Чёрном болоте Лешика, Кузьку, сундучок, Лису с Медведем. Про то, что злодейки утопили в трясине ещё и берёзу на краю болота и даже тучку с неба, дед Диадох не услышал. Он сломя голову побежал к Чёрному болоту.

По дороге к старому лешему подлетел Дятел, утешил его, поругал Сороку-балаболку и вывел прямо на опушку, где отдыхали Кузька, Лешик, Медведь и Лиса. То-то было радости!

Тут только все поняли, что в лесу сегодня Весенний праздник. Он всегда наступает, когда просыпается Леший. Цвели красные, голубые, жёлтые цветы. Серебряные берёзы надели золотые серёжки. Птицы пели свои лучшие песни. В голубом небе резвились нарядные облака.

Лешик и домовёнок, перебивая друг друга, рассказывали и рассказывали. Дед Диадох успевал лишь удивляться: надо же, такое и в зимней спячке не приснится!

Под вечер все направились к реке. Чтобы этот день и для Кузьки был праздником, пусть русалки проводят домовёнка домой. Ведь речные хозяйки знают все дома над всеми речками, большими и малыми. А лучший дом они уж как-нибудь отличат от других.

Увидев домовёнка, лешонка и даже старого лешего, которого до сих пор не видали, русалки выскочили из реки, повели вокруг гостей хоровод:

Бережочек-бережок
Нашу речку бережёт!
Вот так вот, вот так вот,
Нашу речку бережёт!

Лешику так понравился хоровод, что, когда кончилась песня, он один принялся бегать вокруг какого-то пня на берегу и петь песенку, которую сам только что придумал:

Стоит в лесу пень-пень!
А я бегаю весь день,
Пою песенку про пень:
«Стоит в лесу пень-пень»...

Все взялись за руки, и пение вокруг пня продолжалось много времени. А на пне сидел дед Диадох, поглядывая то на сундучок, который он держал в руках, пока Кузька пляшет, то на плясунов. Цветы и звёзды на сундучке сверкали всё ярче.

Серебряная луна плыла в небе, а другая серебряная луна — в реке. Весело плескались серебряные волны. И тогда старый леший, хоть и не любил он лезть в чужие дела, спросил у домовёнка, что же хранится в волшебном сундуке, какая в нём тайна.

Кузька важно оглядел компанию, усевшуюся вокруг пня, и торжественно провозгласил:

— Дайте клятву. Тогда скажу.

Клятвы ни у кого не оказалось. Никто даже и не знал, что это такое.

— Повторяйте за мной! — строго сказал домовёнок.— «Из-за моря, из-за океана летят три ворона, три братенника, несут три золотых ключа, три золотых замка. Запрут, замкнут они наш сундук навеки, ежели отдадим его нечувственникам и ненавистникам. Ключ в небе, замок в море». Клятва вся.

Всем клятва очень понравилась. Пришлось повторить её несколько раз. Потом русалки принялись расспрашивать про море-океан, а Лешик про воронов-братенников, но Кузька не мог сообщить никаких особенных подробностей ни про то, ни про другое.

— Так мы, внучек, и не отдали твой сундучок,— сказал дед Диадох.— Баба Яга — ненавистница, кикиморы болотные — нечувственницы. Побывал сундучок в их руках, да ненадолго. Не за что на нас обижаться воронам-братенникам!

— Тогда пойте за мной! — повеселел Кузька.

Сундучок, сундучок,
Позолоченный бочок,
Расписная крышка,
Медная задвижка!
Раз-два-три-четыре-пять!
Можно сказку начинать!

Заиграла тихая музыка. Со звоном откинулась крышка сундучка. Все замерли. Кузька схватил прошлогодний сухой лист, что-то в нём нацарапал,

опустил в сундучок. Крышка захлопнулась, а сундучок произнёс приятным голосом:

— Чирки-почирки, чёрточки и дырки, вот и весь сказ как раз про вас.

Стало тихо. Лешие и русалки, вытаращив глаза, глядели на сундучок. Надо же! Простая деревяшечка, а так разговаривает! А Медведь с Лисой до того испугались сказки про чирки-почирки, что убежали в кусты.

Кузька объяснил, что сундучок хранится у домовых очень давно. А волшебный он потому, что ежели положить в него рисунок, любую картинку, то сундучок сам сочинит и расскажет сказку про то, что на картинке нарисовано. Нарисуешь мышь — расскажет про мышь. Нарисуешь русалку и водяную лилию — сундучок расскажет такую сказку, где с цветком и речною хозяйкой непременно произойдёт что-то страшное или смешное. Но вот беда! Рисовать домовые не умеют. Потихоньку утаскивают рисунки у людей, уносят под печку или в закуток, опускают в сундучок и слушают сказки.

Тогда Лешик с дедом и русалками сразу принялись рисовать кто на листиках, кто на кусках коры. Но ничего у них не вышло. И когда рисунки клали в сундучок, он рассказывал всё про те же чёрточки и дырки.

Значит, решил Кузька, никто не умеет рисовать, кроме людей и Деда Мороза. Тот рисует прямо на окнах. Но ещё никто и никогда не вынимал из окон стёкла и не опускал их в сундук, чтобы услышать сказку про какой-нибудь цветок, нарисованный Дедом Морозом.

Услышав про Деда Мороза, дед Диадох принёс из лесу и опустил в сундучок самый красивый весенний цветок. Долго играла приятная музыка, но никакой сказки сундучок так и не рассказал. Другое дело, если бы цветок был нарисованный. Тут только домовёнок понял, как он соскучился по людям.

— Рассвет! Уже светает! — встревожились русалки.— Прощайся, Кузя! Пора в путь. Ты беги по бережку, мы по реке поплывём.

Вдруг над рекой послышалась разбойничья песня: «Ух да и эх да!» В корыте, гребя пестом, к друзьям подплывала Баба Яга:

— Чадушко! Бабуля за тобой приехала! Пропадёшь ты тут, не пивши, не евши! Куда ты? Куда, говорю? Вот догоню и съем! У-у-у!

Тут корыто перевернулось. Яга упала в воду. А из реки вынырнул Водяной:

— Покоя от вас нет! Кто тут орёт? Кто тут воет? Это ты, Яга? Да я тебя! Да ты у меня! Вон из воды! Чтоб духу твоего тут не было!

ЛУЧШИЙ ДОМ

Маленький домовёнок, сидя в корыте, оставшемся от Бабы Яги, одной рукой прижимал к себе сундучок, а другой махал тем, кто стоял на берегу. Корыто плыло по Быстрой реке следом за русалками.

Дед Диадох с берега кланялся Кузьке. Лешик подпрыгивал выше головы и махал на прощание всеми четырьмя лапками. И Медведь махал, и Лиса. И все деревья и кусты махали ветками, хотя ветра совсем не было. Вдруг кто-то большой, выше ёлок, шагнул из леса прямо к Лешику и деду. На плече у великана сидел Дятел. На другое плечо отец Леший посадил своего маленького сына. Кузька долго-долго видел машущие зелёные лапки.

Поворот. Ещё поворот. Протока. С двух сторон бегут к Быстрой реке ручьи и речки. В одну из речушек свернули русалки. И корыто — вверх по течению — за ними. Поднималось солнце. Корыто уткнулось в берег, а русалки закричали:

— Вот он! Вот тот самый лучший дом в деревеньке над небольшой речкой! Лучше не бывает! До свидания, Кузя! Живи-поживай, добра наживай, нас в гости поджидай! — и уплыли.

Корыто само — скок на берег, на зелёную травку. Кузька с сундучком в руках помчался к дому и вдруг стал как вкопанный. Перед ним над речкой стояла совсем не та деревенька. И дом чужой, совсем не Кузькин. Это для русалок из всех домов он самый лучший, потому что все окна, и крыльцо, и ворота были изукрашены вырезанными из дерева цветами, узорами и большими русалками. Красивые, пучеглазые, кудлатые, они так ярко, так чудесно раскрашены. Кузька глядел на них и плакал. Что теперь делать? А где же Вуколочка, Афонька, Адонька, дед Папила? Но вдруг и ему, Кузьке, пришла пора жить отдельно, самому быть в доме хозяином?

И Кузька несмело шагнул на крыльцо.

Когда он перелезал в избу через порог, дверь возьми да и скрипни. Кузька с сундучком — под веник. Вошла девочка с тряпичной куклой.

— Чего-тось дверь у нас скрипнула. Не вошёл ли кто? — спросила она у куклы, но ответа не дождалась и сказала: — Должно, ветер, кому же ещё? Все в поле. Пойдём-ка, спать тебя положу, песенку спою.

Отнесла куклу на скамью, укрыла платочком и сказала успокоенным голосом:

— Не прибрано-то у нас как! Дом новый, а грязи, будто год изба стоит...

Взяла веник — да так и села от испуга. Под веником кто-то был. Лохматый, блестит глазами и молчит. И — бегом под печку!

— Никак, домовой! — ахнула девочка Настенька.— А матушка с батюшкой всё горюют, что наш домовой в старом доме остался!

Стал Кузька жить-поживать, добра наживать. И так хорошо хозяйничал в своём новом доме, что слух о нём прошёл по всему свету и долетел до Кузькиной родной деревни. Она не сгорела, люди потушили пожар. И Вуколочка, и Сюр, и Афонька с Адонькой, и даже сам дед Папила ходили к Кузьке в гости. А сундучок ему оставили, пусть бережёт.

НАТАША И КУЗЬКА

Всё это рассказал Наташе волшебный сундучок, когда в него положили (домовёнок сам об этом попросил) Кузькин портрет, который нарисовала девочка. Рисовать его было не так-то просто.

— Оно бы и хорошо,— говорил Кузька, разглядывая картинку за картинкой,— да нарисован не я. Это Чумичка, мой троюродный брат, чучело лохматое! Рисуй заново! Опять не я. Либо Афонька, либо Адонька, их даже матушка с батюшкой не различают. Как ты угадала? А это неведомый какой-то домовёнок. Интересно, чей он, откуда, как зовут? Ещё рисуй!

У Наташи руки устали, карандаш не слушается. Кузька заглянул в альбом:

— Конурник нарисован! Как есть вылитый конурник! Не слыхала, что ли? Конюшенники — в конюшнях, при лошадях, а конурники — при собаках, собачьи домовые. Через каждое слово на собачий лай перескакивают. Что ж ты меня-то не нарисуешь? Или я хуже конурника?

Кузька так огорчился, что девочке стало его жалко. И на чистом листе возник ещё один рисунок. Увидев его, Кузька перекувырнулся от радости. Всё в точности, будто в зеркало глядится! Ну, может, помоложе лет этак на сто. Шесть веков ему на рисунке, не больше.

Рисунок положили в сундучок и спели волшебную песню. Когда сказка кончилась, Наташе захотелось посмотреть на рисунок. Но рисунка в сундучке не было.

— Весь рассказался! — обрадовался Кузька.— Сказка вся! Сказал бы лучше, да нельзя!

Тихо стало в комнате. Только дождь стучит за окном.

— Кузенька! — шёпотом спросила Наташа.— А кто была Настенька?

— Твоя прабабушка! — ответил домовёнок.

— А где маленькая деревенька?

— Вот здесь. Где сейчас наш дом стоит.

— Как — здесь? А небольшая речка? — удивилась Наташа.

— В трубе течёт,— важно ответил Кузька.— Сначала удивилась, когда в трубу её загоняли, а теперь привыкла, течёт себе под землёй. Наполнит пруд, поглядит на небо, на дома — и опять под землю.

В окна стучал дождь.

— И как ему не надоест? — рассуждал Кузька.—

Сухого места на земле небось не осталось. И стучит, и скребётся, к нам просится. А что это он в дверь стучит?

— Мама не велела открывать дверь,— вспомнила Наташа.

— Кому попало не велела,— уточнил Кузька.— А это неизвестно кто, да ещё не звонит, а стучится. Вот откроем и посмотрим.

Наташа открыла дверь. Никого нет. Оглянулась, и Кузьки нет. Только мокрые следы ведут в её комнату. Вернулась, а там среди игрушек сидят два Кузьки. Второй домовёнок поменьше и весь рыжий. Смотрит на девочку, молчит и улыбается.

— Это Вуколочка! — сказал тот Кузька, который покрупнее.— Он тебя стесняется. Долго молчать будет.

Вдруг девочка услышала какой-то плеск в углу. В круглом аквариуме среди снующих рыбок кто-то сидел и глядел круглыми печальными глазами.

— Это водяной,— объяснил Кузька.— Крохотный ещё. Вуколочка его по дороге нашёл. Испугался темноты в трубе, вылез из речки. Пусть поживёт у тебя хотя бы лет шестьдесят, пока немного не подрастёт. Ладно?

СОДЕРЖАНИЕ

Серия «Школьная библиотека»

Александрова Татьяна Ивановна

ДОМОВЁНОК КУЗЬКА

Для среднего школьного возраста

Художник

Шер Аркадий Соломонович

Главный редактор А. Алир
Технический редактор М.В.Юдаева
Компьютерная вёрстка Г.Л.Романов
Корректор С.П.Мосейчук
Ответственный за выпуск И.Н.Полякова

Подписано в печать 23.01.2013.
Формат 60х90 $^1/_{16}$. Бумага офсетная.
Печать офсетная. Усл. п. л. 8.
Гарнитура «Таймс».
Тираж 20 000 экз. Заказ № 5405.

Издательство «Самовар»
125047, Москва, ул. Александра Невского, д.1.

Информация о книгах на сайте www.knigi.ru

Оптовая продажа: ООО «Атберг 98»
(495) 925-51-39 www.atberg.aha.ru

Интернет-магазин: www.books-land.ru

Отпечатано в полном соответствии с качеством предоставленных издательством материалов в ОАО «Тверской ордена Трудового Красного Знамени полиграфкомбинат детской литературы им. 50-летия СССР».
170040, Тверь, проспект 50 лет Октября, 46.

ISBN 978-5-9781-0378-6

В серии «ШКОЛЬНАЯ БИБЛИОТЕКА» вышли книги

Т.Александрова	«Домовёнок Кузька»
П.Бажов	«Уральские сказы»
В.Бианки	«Рассказы Бианки»
К.Булычёв	«Девочка с Земли»
Е.Велтистов	«Приключения Электроника»
А.Волков	«Волшебник Изумрудного города»
	«Урфин Джюс и его деревянные солдаты»
	«Семь подземных королей»
	«Огненный бог Марранов»
	«Жёлтый туман»
А.Гайдар	«Тимур и его команда»
О.Генри	«Вождь Краснокожих»
Л.Гераскина	«В Стране невыученных уроков»
	«В Стране невыученных уроков-2»
	«Мягкий характер»
Н.Гоголь	«Вечера на хуторе близ Диканьки»
В.Губарев	«Королевство кривых зеркал»
Д.Дефо	«Робинзон Крузо»
В.Драгунский	«Где это видано, где это слыхано…»
	«Денискины рассказы»
Б.Житков	«Рассказы»
Ю.Коваль	«Алый» и другие рассказы»
	«Приключения Васи Куролесова»
	«Куролесов и Матрос подключаются
А.Конан Дойл	«Рассказы о Шерлоке Холмсе»
И.Крылов	«Басни Крылова»
Л.Кэрролл	«Алиса в Стране Чудес»
Т.Крюкова	«Женька Москвичёв и его друзья»
Л.Лагин	«Старик Хоттабыч»
М.Лермонтов	«Герой нашего времени»
Д.Лондон	«Белый Клык»
В.Медведев	«Баранкин, будь человеком!»
С.Михалков	«Праздник непослушания»
Н.Носов	«Витя Малеев в школе и дома»
	«Мишкина каша», «Фантазёры»
Ю.Олеша	«Три толстяка»
В.Осеева	«Волшебное слово»
В.Приёмыхов	«Князь Удача Андреевич»